D0873872

Les vases en métal précieux à l'époque mycénienne

PAR

ROBERT LAFFINEUR

membre étranger de l'Ecole française
d'Athènes

Ouvrage couronné par le prix Fr. PENY
(Université de Liège)

Göteborg 1977
Paul Åströms förlag

Copyright Robert Laffineur 1977
Printed in Sweden
ISBN 91 85058 73 4
Typografia, Göteborg 1977

LISTE DES ABREVIATIONS

A. A.	Archäologischer Anzeiger.
A. A. A.	Athens Annals of Archaeology.
A. J. A.	American Journal of Archaeology.
A. K.	Antike Kunst.
A. M.	Mitteilungen des Deutschen Archäologischen Instituts, Athenische Abteilung.
'Αρχ. 'Εφ.	Αρχαιολογικὴ 'Εφημερίς.
B. C. H.	Bulletin de correspondance hellénique.
B. I. C. S.	Bulletin of the Institute of Classical Studies (University of London).
Blegen, Korakou	C. W. Blegen, Korakou, a Prehistoric Settlement near Corinth, Boston et New York, 1921.
Blegen, Prosymna	C. W. Blegen, Prosymna, the Helladic Settlement preceding the Argive Heraeum, Cambridge, 1937.
Blegen, Zygouries	C. W. Blegen, Zygouries, a Prehistoric Settlement in the Valley of Cleonae, Cambridge, 1928.
Bossert	H. Th. Bossert, Altkreta. Kunst und Handwerk in Griechenland, Kreta und in der Ägäis von den Anfängen bis zur Eisenzeit, 3e éd., Berlin, 1937.
B. S. A.	Annual of the British School at Athens.

3

Buchholz-Karage-orghis	H. G. Buchholz et V. Karage-orghis, <u>Altägäis und Altky-pros</u>, Tübingen, 1971.
<u>C.M.M.S.</u>	Corpus der minoischen und mykenischen Siegel.
<u>Ergon</u>	Τὸ "Εργον τῆς 'Αρχαιολογι-κῆς Εταιρείας.
Evans, P.M.	Sir A. Evans, <u>The Palace of Minos. A comparative Account of the Successive Stages of the Early Cretan Civiliza-tion as illustrated by the Dis-coveries at Knossos</u>, I-IV, Londres, 1921-1935.
Furumark M.P.	A. Furumark, <u>The Mycenaean Pottery. Analysis and Classi-fication</u>, Stockholm, 1941.
Higgins	R.A. Higgins, <u>Minoan and My-cenaean Art</u>, Londres, 1967.
<u>I.L.N.</u>	The Illustrated London News.
<u>Jahrbuch</u>	Jahrbuch des deutschen ar-chäologischen Instituts.
<u>J.H.S.</u>	Journal of Hellenic Studies.
Karo, <u>Schacht-gräber</u>	G. Karo, <u>Die Schachtgräber von Mykenai</u>, Munich, 1930-1933.
Laffineur	R. Laffineur, <u>L'incrustation à l'époque mycénienne</u>, dans <u>L'Antiquité Classique</u>, 43, 1974, pp. 5-37.
Marinatos Hirmer	Sp. Marinatos et M. Hirmer, <u>Crete and Mycenae</u>, Londres, 1960.
Matz	Fr. Matz, <u>Kreta und frühes Griechenland</u>, Baden-Baden, 1962.
Mylonas, <u>Κύκλος Β</u>	G.E. Mylonas, <u>'Ο ταφικὸς κύκλος Β τῶν Μυκηνῶν</u>, Athènes, 1972-1973.
<u>Ö. Jh.</u>	<u>Jahreshefte des österreich-ischen archäologischen Insti-tuts.</u>
Perrot et	G. Perrot et Ch. Chipiez, <u>His-</u>

Chipiez, Histoire de l'art, VI	toire de l'art dans l'Antiquité, VI, La Grèce primitive, l'art mycénien, Paris, 1894.
Persson, Royal Tombs	A.W. Persson, The Royal Tombs at Dendra near Midea, Lund, 1931.
Persson, New Tombs	A.W. Persson, New Tombs at Dendra, Lund, 1942.
Praktika	Πρακτικὰ τῆς ἐν ᾿Αθήναις ᾿Αρχαιολογικῆς ῾Εταιρείας.
R.A.	Revue archéologique.
S.C.E.	The Swedish Cyprus Expedition.
Schliemann, Mycènes	H. Schliemann, Mycènes, récit des recherches et découvertes faites à Mycènes et à Tirynthe, Paris, 1879.
S.M.E.A.	Studi micenei ed egeo-anatolici.
Stais Collection mycénienne	V. Stais, Guide du Musée national d'Athènes, collection mycénienne, Athènes, 1909.

INTRODUCTION

À l'époque mycénienne, l'orfèvrerie
occupe une place de choix dans le domaine des arts appliqués. La plupart
des grands sites ont livré à la curiosité
des chercheurs un matériel d'une abondance et d'une variété étonnantes, qui
chaque année s'enrichit de nouvelles
trouvailles. Le visiteur parcourant la
salle mycénienne du Musée national
d'Athènes ne peut manquer d'être frap-
pé par la splendeur des trésors qui
s'offrent à ses yeux. Parmi eux, les
vases en métal précieux[1] témoignent
d'une richesse particulière. Par ailleurs, ils posent des questions d'un intérêt non négligeable: rapports avec la
céramique, utilisation et destination des
pièces, techniques utilisées, chronologie, influences.

Avant d'aborder l'étude des pièces
mycéniennes, il n'est pas inutile de
rappeler que l'orfèvrerie anatolienne et
égéenne des époques antérieures avait
déjà produit d'assez nombreux vases en
métal précieux. Les plus anciens proviennent de Troie; cela ne peut étonner,
puisque la métallurgie a connu ses premières manifestations en Orient. On
mentionnera en particulier la vaisselle
en or des tombes royales d'Alaca Hüyük[2],
de la seconde moitié du IIIe millénaire,
ainsi que les trésors de Troie II[3] et des
tombes contemporaines de Dorak[4], en
Troade, qui contenaient des coupes, des
gobelets, des vases à couvercle, des
saucières et des cruches en or, en

argent ou en electrum.

D'Anatolie, la vaisselle métallique se répand dans les Cyclades et, plus loin, vers la Crète et le continent grec.

Les tombes d'Amorgos ont livré un bol plat et une coupe à pied en argent, datant du Cycladique ancien[5]. Le Metro - politan Museum of Art de New York pos - sède également dans ses collections un bol plat cycladique en argent[6]. Enfin, une pièce semblable et deux vases en or à col cylindrique, provenant d'Eubée, sont conservés au Musée Benaki à Athè - nes[7].

Pour le continent grec, peu de vases en métal précieux antérieurs à l'époque mycénienne nous sont parvenus: il s'agit de deux saucières en or remontant à l'Helladique ancien II, l'une conservée au Musée du Louvre[8], l'autre au Musée de Jérusalem[9]; toutes deux sont sem - blables aux saucières en terre cuite abondantes en Grèce et dans les Cycla - des à la même époque. D'autre part, les caractères nettement métalliques de la céramique minyenne de l'Helladique moyen[10] nous permettent de penser à des prototypes en métal, dont on n'a malheureusement conservé aucun spéci - men.

Une constatation analogue peut être faite à propos de la céramique crétoise. En effet, il est tout à fait logique de considérer certaines de ses productions comme l'imitation de prototypes métal - liques. C'est le cas entre autres de la poterie de type egg-shell[11], caractéris - tique du MM II, et de certains hauts go - belets du MM I[12]. Les caractères mé - talliques de ces vases en terre cuite sont assez variés: paroi fine, profil ca - réné[13], embouchure ondulée[14], pastilles d'argile imitant les têtes de rivets[15], base saillante, bourrelet saillant à l'épaule, anses à profil en S. Malheureusement, si ces témoignages indirects nous prouvent que la production métallique a dû être abondante, les fouilles de Crète n'ont livré en revanche que peu de vases en métal précieux. Le pillage des grands sites minoens par les Achéens explique sans doute en partie cette pauvreté. L'or et l'argent ont toujours fait l'objet de convoitises. D'autre part, la rareté relative de la matière première a amené les artisans à refondre certains objets en or et en argent.

Cependant, les pièces conservées sont assez nombreuses pour donner une bonne idée de la vaisselle minoenne en métal précieux. Une coupe en argent de Mochlos, datée du MA III, constitue, selon Seager, le prototype de certaines coupes en terre cuite du MA III de l'est de la Crète[16]. Pour le Minoen moyen, il faut mentionner la coupe à pied en argent de Gournia (MM I), dont on possède l'equivalent exact dans les céramiques crétoise et anatolienne[17], ainsi qu'un petit vase en faïence et en or MM II de Cnossos[18]. Les vases en argent de la maison du sud à Cnossos[19] remontent à l'époque de transition entre le Bronze moyen et le Bronze récent. Enfin, on se gardera d'oublier le bol en or de Zakro[20] et le gobelet en argent d'Arkhanès[21].

Pour terminer, deux ensembles importants doivent trouver place dans cette revue rapide de la vaisselle métallique crétoise: le Trésor de Tôd et le Trésor d'Egine. Le premier comprend de très nombreuses coupes en argent et en or qui remontent au XIXe siècle et présentent des affinités étroites avec l'art minoen [22]. Le Trésor d'Egine nous a transmis une tasse basse en or, décorée de spirales repoussées. La date de cet ensemble a été l'objet de nombreuses controverses, mais d'après l'étude la plus récente, due à R. A. Higgins, il s'agirait d'un trésor d'orfèvrerie crétoise remontant aux années 1700 à 1550 [23].

CHAPITRE 1
LES FORMES

Nous fonderons notre étude des formes sur la typologie établie par G. Karo[1] et reprise par D.E. Strong[2]. Cette classification d'après la destination et l'usage des vases (vases à boire, vases à contenir,...), si elle implique une part d'interprétation présente l'avantage d'être plus évocatrice[3], même si l'usage de certaines pièces, comme les rhytons, reste incertain.

A. Vases à boire

Les vases à boire sont de loin les plus nombreux dans la vaisselle mycénienne en métal préceux. Nous examinerons successivement quatre types: les gobelets à une anse, les tasses basses, les coupes à pied et les canthares.

1. Gobelets à une anse

Les dénominations de cette forme de vase sont nombreuses; il importe donc de préciser quelque peu la terminologie. Furumark utilise le terme de coupe cylindrique, Karo parle de gobelet ou coupe à une anse (einhenkliger Becher), Strong de gobelet sans pied et Evans de Vaphio-cup. Cette dernière appellation paraît la plus adéquate, car les deux pièces provenant de la tholos de Vaphio en Laconie constituent les exemplaires les plus fameux de ce type de vase. Dans la présente étude, nous utiliserons le terme de gobelet à une anse; le mot gobelet est en effet devenu d'usage courant dans l'expression gobelets de Vaphio.

Nous éviterons la mention gobelets de type Vaphio, car elle comporte une allusion supplémentaire à un type particulier d'anse qui n'est pas celle de tous les gobelets à une anse[4].

Cette question de terminologie étant précisée, il convient de définir le type de vase. Le gobelet à une anse a une forme générale cylindrique ou tendant vers le cylindre (le gobelet bas du cercle B de Mycènes -68- constitue une variante isolée); sa base circulaire est plate et sa paroi montre un profil droit ou plus ou moins concave et évasé, le plus souvent légèrement oblique; la lèvre n'est pas spécialement marquée, elle prolonge directement la paroi. La régularité de cette dernière est parfois brisée par la présence de bourrelets horizontaux plus ou moins saillants: un à mi-hauteur (4, 13, 44, 51, 66b, 99, 100), un à mi-hauteur et un à la base(43), deux à mi-hauteur et deux à la base (3, 42, 65);il en est de même du gobelet à cannelures horizontales (11, 12, 52).

L'origine du gobelet à une anse est incontestablement crétoise. Nous le retrouvons en effet en terre cuite sous sa forme la plus simple dès le MA III[5] puis régulièrement sous sa forme classique au MM I[6], au MM II[7], au MM III[8] et au MR I[9]. On le rencontre également parmi les vases en pierre: vase en marbre du MR Ia de Cnossos, dont la forme générale et l'anse rappellent de façon convaincante les gobelets de Vaphio[10], vase du Metropolitan Museum de New York[11]. On ajoutera encore qu'un gobelet en pierre de même type, mais sans anse, est fréquemment attesté en Crète dès le MM I[12]. Enfin, le gobelet en bronze à une anse de Mochlos(MM III)[13]. d'allure plus large et plus basse, doit trouver place dans cette brève revue des antécédents crétois des gobelets métalliques de l'époque mycénienne, d'autant qu'il annonce le gobelet 68 de Mycènes.

La céramique du continent grec a produit, elle aussi, des gobelets à une anse, du HM II[14] au HR III[15]. L'évolution du gobelet en terre cuite à une anse à l'époque mycénienne a retenu l'attention particulière de Furumark[16]: du Mycénien I au Mycénien III, les dimensions augmentent et le profil de la paroi acquiert une concavité plus marquée; d'autre part, à partir du Mycénien IIIA, l'anse est placée à mi-hauteur de la paroi (types 225, 226 et 228 de Furumark), alors qu'au Mycénien I-II elle était fixée à la partie supérieure du vase (type 224). Si l'on passe aux équivalents en métal précieux, on constate que toutes les pièces se placent au début de cette évolution[17], qu'elles appartiennent toutes au type 224, avec un profil plus ou moins évasé à l'embouchure (3, 4, 11, 12, 13, 14, 16, 42, 43, 44, 45, 46, 47, 48, 65, 67, 80, 93, 94, 95, 96, 97, 99, 100). Cela n'a rien d'étonnant quand on sait qu'elles proviennent toutes d'ensembles datés des débuts de l'époque mycénienne: tombes des cercles B et A de Mycènes, tholos de Peristeria et de Vaphio[18].

A cette série de gobelets mycéniens à une anse en métal se rattache aussi, bien que trouvé en dehors du domaine mycénien proprement dit, le gobelet en argent de la tombe 92 d'Enkomi[19].

En dehors des pièces parvenues jusqu'à nous, il convient de tenir compte du témoignage des représentations peintes de tributs égéens dans les tombes thébaines du Nouvel Empire. Ces tableaux mettent en scène des tributaires portant, entre autres objets, des vases, parmi lesquels on reconnaît des gobelets à une anse ou gobelets keftiu. Ces pièces, figurées dans les tombes de Senenmout[20], d'Ouseramon[21] et de Menkheperesseneb[22], sont fabriquées en argent, comme l'indique la couleur blanche utilisée par le peintre[23]. En outre, deux de ces vases au moins sont munis d'une anse de type Vaphio. La correspondance étroite, du point de vue de la décoration incrustée, entre des gobelets exhumés au cours de fouilles et quelques-uns des vases représentés dans les tombes[24] indique bien la provenance égéenne de ces derniers; elle autorise par ailleurs à considérer les images comme des copies fidèles d'objets réels, non comme des créations de l'imagination de l'artiste, fondées sur un souvenir plus ou moins précis. Cela étant, il n'est pas sans importance de remarquer que les gobelets figurés sur les tableaux égyptiens appartiennent tous au type 224 de Furumark, commun au Mycénien I et II[25], qu'ils s'apparentent donc aux pièces mycéniennes énumérées ci-dessus. Si l'on se fonde sur la chronologie des tombes en question, attribuées au XVe siècle[26], on est amené à voir dans les documents peints un témoignage de première valeur sur l'existence au HR II de gobelets à une anse analogues à ceux du HR I mis au jour à Mycènes, Peristeria, Dendra,... Ainsi, la production des gobelets en métal précieux à une anse doit s'étaler sur les XVIe et XVe siècles[27].

Le gobelet est un vase de forme simple, la base et le bord ne présentent aucune particularité. Seule, la forme de l'anse peut varier; on en distingue deux types: l'anse en ruban à profil en point d'interrogation (loop-handle, Bandhenkel) et l'anse de type Vaphio.

13

La première est constituée d'une bande de métal recourbée, dont la largeur diminue généralement de l'attache supérieure vers l'attache inférieure. Karo précise avec raison que les gobelets dont la paroi est divisée en deux zones par un bourrelet horizontal médian ou qui ont un bourrelet horizontal médian et un bourrelet basal - ces deux types sont considérés par Karo comme les plus primitifs - sont tous munis d'une anse en ruban (3, 4, 13, 42, 44, 65, 67, 99, 100) et que d'autre part ils ont en grande majorité en or[28].

On peut faire une constation supplémentaire du même ordre: à une seule exception près (13), tous les gobelets à une anse en ruban portent un décor repoussé ou ciselé, ce qui n'est pas le cas de tous les gobelets à anse de type Vaphio (45, 46 et 48 sont sans décor). Cette anse du second type se compose de deux rubans horizontaux reliés entre eux par un élément cylindrique vertical. Les gobelets pourvus de ce système de préhension (45, 80, 93, 94, 95, 96, 97) sont tous du type à paroi unie, sans bourrelet médian ou basal, mais ils sont indifféremment en or ou en argent.

Les constatations qui précèdent ont amené Karo à penser que l'anse en ruban était plus ancienne que l'anse de type Vaphio[29]. A ce point de vue, le gobelet 16 du cercle A de Mycènes pose un problème: Karo considère que cette pièce était primitivement munie d'une anse de type Vaphio, qui fut remplacée ultérieurement par l'anse en ruban actuelle[30], du reste plus étroite que le modèle habituel. On aurait donc là un exemple de retour à une forme plus ancienne. Cette éventualité est loin d'être certaine: en effet, les seuls éléments qui permettent

14

d'identifier le type de l'anse primitive du gobelet 16 sont le nombre (trois) et la disposition (en ligne horizontale) des rivets de son attache supérieure; or, ce système de fixation est attesté aussi bien dans le cas de l'anse de type Vaphio (23, 45, 46) que de l'anse en ruban (13, 20, 21, 75, 81). On est dès lors tenté de restituer l'anse primitive de 16 comme une anse en ruban, évitant ainsi la contradiction apportée par Karo à sa propre thèse de la chronologie relative des deux formes d'anse. Quoi qu'il en soit, le gobelet 16 méritait une mention, car l'anse qu'il a conservée, bien que de type en ruban, est tout à fait unique par ses détails et ses proportions: très étroite, elle affecte, si elle est dépliée, une forme de T dont la barre transversale reçoit les rivets supérieurs de fixation, tandis que dans la forme habituelle, l'attache correspondante n'est pas ainsi mise en évidence par deux saillies latérales.

Du point de vue des détails d'exécution, il faut noter que la plupart des anses en ruban métalliques (3, 11, 12, 14, 42, 44, 65, 67) ont les bords latéraux repliés et donc en saillie par rapport au plat de l'anse, ce qui correspond en terre cuite à la section transversale en rigole (<u>grooved type</u>)[31]. D'autres ont les bords repliés et une nervure longitudinale médiane saillante (4, 10, 13, 44), comme dans la section nervée (<u>ribbed type</u>), fréquente en céramique[32].

Cela nous amène à la question des rapports entre la céramique et le métal. Dans le cas qui nous occupe, les bords en saillie et la nervure médiane, qui n'ont aucun sens dans la terre cuite, sont des caractères visiblement métalliques, les anses en métal constituent donc le prototype. Ce caractère métallique de l'anse était déjà le fait de certains vases de l'HA[33], preuve indirecte de l'existence, dès cette époque, de prototypes en métal malheureusement disparus.

On ajoutera que la section plate simple, donc l'anse en ruban, a elle-même un aspect métallique, tandis que la section typiquement céramique est circulaire ou ovale. La première se rencontre à de nombreuses reprises en Crète[34] et dans l'Helladique[35], notamment à l'HR I sur des gobelets à une anse[36] qui se rapportent aux prototypes en métal de Mycènes.

De justes observations du même ordre ont été faites par Furumark[37] à propos du profil des anses en S ou en point d'interrogation de types céramique ou métallique; il est inutile d'y revenir ici.

Quant à l'anse de type Vaphio, il s'agit d'un système de préhension d'origine incontestablement crétoise: il suffit de mentionner un exemplaire en pierre[38] et un autre en terre cuite provenant de Cnossos et daté du MM IIIa[39]. Ce dernier est particulièrement intéressant puisque le bandeau supérieur de l'anse est muni de deux pastilles d'argile imitant des têtes de rivet, preuve directe de la priorité de l'exemplaire métallique. Au reste, l'existence de prototypes de métal est confirmée par la découverte de vases métalliques à anse de type Vaphio: gobelet en bronze à anse en une seule pièce, trouvé à Mochlos (MM III)[40], et vase en or du trésor de Tôd[41], plus ancien.

D'autre part, la structure même de l'anse de type Vaphio est propre à une réalisation en métal: les deux rubans et le cylindre se fabriquent avec moins de facilité en argile, la séparation de ces trois éléments étant d'ailleurs moins

16

nette dans l'exemplaire indiqué[42].

2. Tasses basses

Cette forme de vase à boire est également très fréquente. Sa dénomination varie d'après les auteurs: on trouve tantôt le nom de tasse à thé[43], tantôt celui de bol[44], de coupe basse[45], de coupe semi-globulaire basse[46] ou de saucière basse[47]. On utilisera ici le terme tasse basse. c'est celui qu'avait choisi Karo[48].

On peut distinguer deux variétés de tasses basses. La première a la forme d'une calotte sphérique plus ou moins ouverte (parfois, elle tend vers la forme hémisphérique). Toujours munies d'une anse, les tasses de cette variété simple ne portent jamais, à deux exceptions près (75, 101), de décoration sur la vasque. On rencontre des exemplaires en or (74, 105), en argent (1, 2, 18, 19, 53, 75, 82, 88, 98) ou en bronze (77)[49]. La seconde variété, toujours décorée, montre un profil plus élaboré qui se referme légèrement à mi-hauteur, puis s'évase à nouveau en un col bien marqué. La majorité des exemplaires, en or ou en argent, proviennent de Dendra (un seul provient de Mycènes: 76), c'est pourquoi on désignera cette variété de l'appellation type de Dendra[50].

Dans le domaine des éléments accessoires, la variété est plus grande. Si la base est toujours plate et saillante (raised base dans la terminologie de Furumark)[51], sauf sur deux pièces de type simple (2, 74), le bord[52] prend en revanche plusieurs formes: bord droit ou vertical dans le prolongement de la vasque (1, 19, 75, 82, 105), lèvre évasée, propre aux tasses du type de Dendra[53], mais visible aussi sur une tasse simple (18), lèvre rabattue à l'horizontale et recouverte d'une couronne d'or (2, 53, 77, 88, 98). Quant à l'anse en ruban, toujours en point d'interrogation, elle dépasse largement le niveau du bord[54]; si elle est généralement rapportée (rivée), on connaît toutefois trois exemples où elle

TASSES BASSES	or	Matériau utilisé		vasque décorée	base saillante
		argent	bronze		
TYPE SIMPLE					
cat. 1		x			x
cat. 2		x			
cat. 18		x			x
cat. 19		x			x
cat. 53		x			(I)
cat. 74	x				
cat. 75		x		x	x
cat. 77			x		
cat. 82		x			x
cat. 88		x			x
cat. 98		x			x
cat. 101	x			x	
cat. 105	x				x
TYPE DENDRA					
cat. 76		x		x	x
cat. 81	x			x	x
cat. 85		x		x	x
cat. 87	x			x	x

(I) incomplet.

fait partie intégrante du vase (1, 19, 105) et n'est pas fixée à la paroi par son extrémité inférieure[55].

On résumera ce qui précède dans le tableau suivant:

bord droit	Bord lèvre évasée	Bord lèvre horizont.	Placage d'or	Anse en ruban rapportée	Anse en ruban partie du vase
x					x
		x	x	x	
	x			x	
x					x
		x	x	x	
		x		x	
x				x	
		x	x	x	
x				x	
		x	x	x	
		x	x	x	
	x			x	
x					x
	x			x	
	x			x	
	x			x	
	x			x	

Les antécédents métalliques des tasses basses du Bronze récent continental se trouvent en Crète en assez grand nombre. On connaît des spécimens en bronze datant du MR I[56], d'autres en argent MM IIIb-MR I[57], ainsi qu'un exemplaire en or, sensiblement contemporain[58] et auquel la tasse à têtes incrustées de Mycènes (75) est étroitement apparentée. En outre, des bassins en bronze du MM IIIb et du MR I constituent une transposition en grandes dimensions de la même forme[59].

Pour sa part, le continent grec a livré des tasses basses en bronze[60] et en terre cuite[61] qui appartiennent au type simple et datent du HR I[62], comme du reste les exemplaires en métal précieux de la même variété[63].

Plus complexe est le problème de l'origine et de la chronologie des tasses du type de Dendra. A propos de la "tasse aux poulpes" de Dendra (81) en particulier, deux thèses sont en présence: celle de A. W. Persson qui date la pièce des environs de 1500 et y voit une production crétoise[64] et celle de G. E. Mylonas qui associe étroitement l'objet à son lieu de provenance -la tholos de Dendra- et le situe donc au HR IIIA[65]. De ces deux opinions, la première nous paraît la plus défendable. La tasse 81 montre en effet des caractères crétois évidents, tels l'esprit naturaliste de sa décoration, qui évoque le style marin du MR Ib[66], et la forme de l'extrémité inférieure de l'anse en double chapiteau papyriforme -on la retrouve sur la tasse 87-, dont on connaît l'équivalent sur des vases métalliques crétois[67]. D'autre part, la fosse d'où provient la "tasse aux poulpes" contenait encore un gobelet à une anse (80) étroitement apparenté aux gobelets de Vaphio (style du dé-

cor, double paroi, type d'anse) et un ca-
lice en argent (84), dont la forme rappelle le vase aux colombes du cercle A (22)
et les calices en pierre de même provenance[68]. Enfin, les parallèles précis que
l'on peut assigner aux tasses du type de
Dendra indiquent tous une date Bronze
récent I, qu'il s'agisse de la tasse en terre cuite· de la tombe à chambre 518 de
Mycènes[69] pour la forme, ou des rangées de <u>sacral ivy</u> d'un pied de lampe de
Palaikastro[70], à rapprocher de la décoration des tasses 85 et 87, et des <u>tricur-
ved arch</u> à double contour du rhyton à
scène de siège du cercle A (29), rappelant le décor de la tasse 76, pour la décoration. Quant à la date de la tholos de
Dendra, elle ne peut constituer qu'un
<u>terminus ante quem</u>, surtout lorsqu'il
s'agit de pièces de luxe, conservées souvent précieusement pendant des généra-
tions avant de servir de mobilier funéraire.

Ainsi, les tasses basses en métal du
type de Dendra constituent un groupe particulièrement homogène, tant en ce qui
concerne la décoration que les détails de
la forme. L'unité du groupe est telle qu'on
est tenté d'attribuer la fabrication des
quatre exemplaires à un seul et même
atelier, dont l'activité est à situer, selon
toute vraisemblance, dans la première
phase du Bronze récent, au plus tard à
la fin de l'HR I[71].

Il reste à dire quelques mots de <u>deux
pièces apparentées</u> par leur forme générale aux tasses basses de type simple,
bien que nettement plus profondes et de
dimensions plus importantes: l'une provient de la tholos de Dendra (83) et l'autre
du caveau 2 d'Enkomi à Chypre[72]. Ces
deux vases à décoration incrustée ont la
forme d'une calotte sphérique ouverte,

pourvue d'un bord droit et d'une base saillante. Leur anse "en fourchette" (wishbone-handle) a la forme d'un Y majuscule dont les deux branches sont fixées à la paroi et dont le pied relevé se termine en un bouton plat. La forme générale de ces vases ainsi que leur type d'anse se retrouvent en abondance à Chypre dans la céramique de style white slip, du CR IA au CR IIB[73]; toutefois, le pied de l'Y de l'anse y est moins développé et n'est pas muni d'un bouton terminal. Par ailleurs, l'anse "en fourchette" complète se rencontre sur le continent grec, à Dendra[74], à Prosymna[75] et à Vaphio[76], et en Crète, sur deux bassins en bronze de Zafer Papoura[77]. Les exemplaires crétois datent de l'époque de l'occupation mycénienne en Crète, de sorte que Persson voit dans l'anse "en fourchette" un type continental et dans le vase incrusté de Dendra une pièce mycénienne qu'il date des environs de 1400[78].

Mais le problème est plus complexe: Schaeffer considère le vase d'Enkomi -qu'il date du CR II, donc d'après 1400- comme une copie d'un modèle mycénien exécutée à Chypre[79], tandis que Catling y voit une œuvre faite à Chypre par un artisan mycénien[80]. Nous pensons cependant qu'il faut insister sur trois points: le type d'anse "en fourchette" est présent à Dendra, les deux vases sont pratiquement identiques, le décor incrusté n'est représenté à Chypre que par la tasse d'Enkomi, tandis que cette technique a connu de nombreuses applications dans le domaine mycénien proprement dit[81]. Il nous semble dès lors raisonnable de supposer que le vase incrusté de Dendra fut copié à Chypre ou même que celui d'Enkomi fut importé de Grèce[82]. L'opinion de V. Karageorghis, qui considère le vase de Dendra comme une production chypriote exportée en Grèce, paraît au contraire difficilement soutenable[83].

3. Coupes à pied

Les dénominations de ce type de pièces sont moins nombreuses que celles des gobelets à une anse et des tasses basses. On trouve les termes kylix, coupe à tige ou à fût[84] et coupe à pied[85]. Nous préférons cette dernière dénomination car elle nous paraît plus générale: en effet, le fût étant un pied haut, l'expression coupe à fût ne peut désigner, au sens strict, que les vases de type "coupes à champagne"; par contre, le terme coupe à pied englobe aussi bien ces vases à pied haut que les vases à pied bas plus anciens de la classe des gobelets éphyréens[86].

Les coupes à pied en métal précieux peuvent se répartir en deux variétés, suivant la hauteur du pied.

Le type à pied bas est représenté par des vases provenant de Dendra (89, 90, 91, 92)[87] et du cercle A des tombes à fosse de Mycènes (55), fabriqués tous en argent. Ils sont de forme plus ou moins hémisphérique, proches des gobelets éphyréens; il faut les situer au début de l'époque mycénienne.

On y ajoutera la coupe en electrum de Mycènes (23), de forme générale apparentée, bien que, par son anse de type Vaphio et sa vasque carénée, elle s'écarte des autres exemplaires. Ce type de vase à pied à profil caréné est connu à l'époque mycénienne[88], mais on le trouve déjà à l'HM, dans la céramique minyenne grise[89]. Des spécimens en terre cuite, contemporains de la pièce métallique et tout à fait semblables -à l'exception de l'anse- ont été trouvés à Korakou[90] et dans les

Cyclades[91].

D'autre part, le type à pied haut est représenté par d'assez nombreux exemples (20, 21, 54, 70, 71, 72, 73, 114, 115); ils proviennent en grande majorité de Mycènes et sont pour la plupart en or. Leur pied est plus ou moins étiré et leur forme rappelle davantage les types céramiques postérieurs au Mycénien II. La vasque est plus ou moins profonde, parfois hémisphérique (114, 115)[92].

Enfin, il faut réserver une place à part à la "coupe de Nestor" (22) et à la coupe à pied de la tholos de Dendra (84). Ces deux pièces montrent une vasque anguleuse qui évoque la forme des gobelets à une anse. Leur forme générale et leur structure rappellent celles des calices à pied, dont on connaît des spécimens en pierre au cercle A de Mycènes et en Crète[93]. Si l'on en croit Karo et Strong[94], la "coupe de Nestor" serait à l'origine un gobelet à une anse de type Vaphio, auquel on aurait ajouté un pied et une seconde anse, ce qui expliquerait le caractère hybride de la pièce. Pour sa part, Sp. Marinatos indique une évolution en trois temps: gobelet à pied sans anses, fixation de deux anses de type Vaphio, puis des deux lamelles ajourées[95].

Dans le domaine des éléments accessoires de la forme, il faut noter en premier lieu la diversité des types d'anse. En général, les coupes à pied possèdent une anse en ruban à profil en point d'interrogation (20, 21, 54, 90, 91, 114), dépassant largement le niveau du bord, mais parfois les coupes ont deux anses. C'est le cas de la pièce 55 et surtout des coupes du "Trésor de l'acropole" de Mycènes (70, 71, 72, 73), dont les anses de section circulaire et à profil en point d'interrogation prennent la forme, à leur

extrémité supérieure, d'une tête de chien
mordant la lèvre. D'autre part, l'anse
de type Vaphio est attestée ici également:
une sur la coupe en electrum de Mycènes
(23) et deux sur la "coupe de Nestor" (22).
Ce dernier vase est pourvu en outre de
deux lames verticales reliant les anses à
la base, mode de renforcement qui ajoute
à la singularité de cette pièce hybride.
Enfin, la coupe aux oiseaux de Dendra (89)
est munie d'une anse très haute qui rappelle celle des types céramiques 270 et
271 de Furumark; elle constitue un héri-
tage de l'HM[96].

La grande majorité des coupes à pied
ont une lèvre évasée, parfois très marquée (20, 54, 116). Dans certains cas,
l'évasement est si prononcé que la lèvre
est presque horizontale (70, 71, 72, 73).
Les vases à bord droit sont peu nombreux
(21, 22, 23, 84).

Mais les éléments les plus caractéristiques sont le pied et la base du vase.

La base est toujours circulaire et généralement assez épaisse, formant une
sorte de disque. Sur les coupes en métal
à pied bas (23, 55, 89, 90, 91,, 92), cette
base en disque forme un tout avec le pied,
l'ensemble des deux éléments constituant
ce que nous appellerons le pied en diabolo,
caractéristique des types céramiques du
Mycénien I-II de Furumark[97]: il a la forme de deux troncs de cône à profil concave opposés par le sommet. Ce pied assu-
re une transition progressive et sans angle entre la vasque et la base, donnant
au vase un profil continu en S.

Les coupes à pied haut sont pourvues,
elles aussi, pour la plupart, d'un pied en
diabolo à base en disque (20, 21, 54, 70,
71, 72, 73); la seule différence avec les
coupes précédentes réside dans l'étirement de cette partie. L'exemple le plus

clair est celui des vases du "Trésor de
l'acropole" de Mycènes (70, 71, 72, 73),
dont le pied possède tous les caractères
du diabolo, même si sa partie centrale
est fortement amincie. Par la structure
et la forme de leur partie inférieure,
les deux variétés de coupes à pied apparaissent donc étroitement apparentées;
elles se rattachent toutes deux aux types
céramiques du Mycénien I-II[98]. A ce propos, il est intéressant de remarquer que
la ressemblance entre les coupes en métal à pied haut et les "coupes à champagne" du Mycénien III n'est qu' apparente.
Elle se limite en fait à l'allure générale
et aux proportions, car en réalité les différences entre les deux séries de pièces
sont très sensibles: les vases en terre
cuite du Mycénien III ont toujours deux
anses et une lèvre peu ou pas évasée,
mais surtout leur partie inférieure révèle des caractères différents, puisque le
pied droit et la base en cône très aplati
y sont nettement séparés par un angle
marqué[99]. Ainsi, les coupes en métal
précieux à pied haut ne font qu'annoncer
les "coupes à champagne": l'allongement
du pied, qui se produit dès la période du
HR I sur les pièces métalliques du cercle
A, n'est adopté par les potiers qu'avec
un retard important, au début du Mycénien III. Un tel écart s'explique sans doute par le fait que la forme haute et étroite est plus appropriée au métal qu'à la
terre cuite.

Cependant, quatre pièces méritent une
mention particulière. Sur la "coupe de
Nestor" (22), le pied, rigoureusement
cylindrique, est séparé de la base par un
angle assez marqué, mais on ne peut rien
en conclure, car cette pièce est unique.

La coupe de Bruxelles (115), dont la
base est écrasée, a un pied fort proche

26

du précédent; elle est pourvue en outre d'un anneau saillant au raccord de la vasque et du pied, ce qui en fait également un monument isolé.

La coupe du Musée Benaki (114) est un document auquel on peut assigner avec quelque certitude une date plus récente. Sa base en cône très aplati s'avère analogue à la base caractéristique des types céramiques du Mycénien III.

Enfin, le vase de Londres (116) possède une base du même type; comme la coupe du Musée Benaki, cette pièce présente par ailleurs un décrochement au raccord du pied et de la vasque, particularité que l'on ne rencontre jamais sur les coupes en terre cuite du Mycénien I-II.

Sans rejeter pour autant les remarques d'Evans à propos de l'existence de vases à pied en Crète dès le Néolithique récent[100], force nous est de constater que la coupe à pied est une forme typique de la vaisselle du continent grec, Karo l'a bien montré[101]. Les coupes et gobelets à pied sont abondamment représentés dans la céramique de l'HM et il est possible de suivre l'évolution de la forme à travers toute cette période et jusqu'à la fin de l'époque mycénienne: du gobelet à pied à profil angulaire du minyen gris ou à profil arrondi du minyen jaune[102] jusqu'aux kylix de l'HR III, en passant par les gobelets à pied de l'HR I et les gobelets éphyréens[103]. On rencontre même, plus sporadiquement, des gobelets à pied à l'HA[104].

C'est précisément la continuité de cette longue évolution dans la terre cuite qui incite Furumark[105] à reconnaître dans les exemplaires céramiques les prototypes de ceux en métal, contrairement aux autres formes, pour lesquelles l'exemplaire métallique est toujours considéré, non sans raison, comme le prototype. Un autre indice permet au même auteur d'arriver à cette conclusion: l'absence totale sur les coupes à pied en terre cuite de caractères nettement métalliques. Ainsi, par exemple, les pastilles d'argile imitant les têtes de rivet ne sont visibles sur aucune coupe à pied en terre cuite et sont excessivement rares sur les gobelets à pied: un des seuls exemples est un gobelet MR Ia de Palaikastro[106].

L'opinion de Furumark paraît justifiée. Toutefois, il faut rappeler le retard accusé par la céramique en ce qui concerne l'allongement du pied[107]. D'autre part, une trouvaille de Dendra peut éclairer la question des rapports entre les formes métalliques et céramiques. Sur ce site, la tombe à chambre nº 10 a en effet livré deux séries identiques de coupes à pied, l'une en métal (89, 90, 91, 92), l'autre en terre cuite[108]. Un lien direct unit manifestement ces deux séries et Persson pense que la première, réservée aux jours de fête, a servi de modèle à la seconde, fabriquée pour les besoins journaliers[109]. Si l'on peut raisonnablement considérer avec Persson que dans le cas précis des vases de Dendra les prototypes sont métalliques[110], il serait hasardeux de généraliser cette conclusion. Il convient au contraire d'opérer une distinction. Pour la coupe à pied bas, les remarques générales de Furumark incitent à admettre la priorité des types céramiques; quant à l'étirement du pied, il est incontestable qu'il apparaît d'abord dans les spécimens métalliques. Du reste, les caractères métalliques ne sont pas absents des coupes à pied en terre cuite. On a en effet montré récemment que certains vases mycéniens, dont une proportion importante de coupes à pied,

28

étaient couverts d'une couche grisâtre d'oxyde d'étain, résidu d'une pellicule d'étain recouvrant primitivement la surface des pièces[111]. Ce procédé avait évidemment pour but de concurrencer les productions en métal correspondantes, ou du moins d'en créer des substituts à usage funéraire; il constitue en tout cas un indice certain en faveur de la priorité des types métalliques.

4. Canthares

L'orfèvrerie mycénienne a produit assez peu de canthares en métal précieux; ils sont tous en or et constituent un ensemble fort homogène. Leur forme est presque identique dans les cinq exemplaires qui nous sont parvenus: trois canthares de Kalamata (102, 103, 104)[112], canthares du cercle A de Mycènes (24) et du Metropolitan Museum de New York (117). Le profil angulaire de ces pièces est oblique et convexe dans sa partie inférieure, puis il se redresse et prend une allure concave dans sa moitié supérieure. D'une grande pureté grâce à la combinaison de lignes harmonieuses, cette forme se suffit à elle-même; les exemplaires cités ne portent pas de décoration, sinon parfois sur les anses: celles du canthare de New York (117) sont ornées de motifs de feuilles repoussées et celles des vases de Kalamata (102, 103, 104) ont leurs extrémités terminées en spirales divergentes.

La même simplicité régit les éléments accessoires de la forme. La base circulaire plate est à peine marquée par une petite saillie. Le bord est évasé, mais dans le prolongement direct du profil concave. Le vase possède toujours deux anses en ruban qui sont dressées en un mouvement élégant et dépassent large-

29

ment le niveau du bord.

La chronologie de ces pièces ne pose pas de problèmes. La date HR I du canthare de Mycènes (24) ne peut faire de doute et les autres spécimens lui sont tellement analogues qu'il faut les considérer comme contemporains[113].

En ce qui concerne l'origine de la forme, les antécédents continentaux fournissent une certitude absolue. Le canthare est en effet attesté abondamment dans la céramique minyenne grise, sous deux variétés, l'une à profil caréné[114], l'autre à profil arrondi[115], toutes deux munies d'anses dressées; ces anses sont au nombre de deux, mais certains exemplaires n'en ont qu'une[116] ou en sont dépourvus[117]. On notera aussi que les éléments caractéristiques du canthare, à savoir le profil caréné et les anses dressées correspondent à une tradition largement représentée dans les différentes formes de la céramique helladique, parfois dès le Bronze ancien[118]. D'autre part, il paraît opportun de mettre la forme du canthare en rapport avec des vases tels que les gobelets à profil en deux parties et anses hautes de l'HA de Korakou[119] et les pièces apparentées, fréquentes dans la céramique anatolienne occidentale: vases du Bronze ancien[120] et du Bronze moyen de Beycesultan[121] et du Bronze ancien de Troie[122]. Le principe du canthare est présent en Anatolie dès ces hautes époques; les pièces à profil caréné y abondent, de même que les anses hautes ou dressées, dont la tradition est particulièrement évidente dans les nombreuses variantes anatoliennes du depas amphikypellon[123]. Il semble donc que l'origine première du canthare est à rechercher en Anatolie, d'où la forme s'est répandue vers le continent grec. Quant aux cantha-

30

es ou vases apparentés mis au jour en
Crète, leur nombre est trop limité[124]
pour que l'on puisse reconnaître à la céramique minoenne une part effective dans
la création de la forme[125].

B. Vases à contenir ou à puiser

Les vases de cette catégorie sont beaucoup moins bien représentés que les vases à boire. Cela tient sans doute au fait
qu'il s'agit de formes d'un usage plus
fréquent, qui s'accomodent moins d'une
exécution luxueuse en métal précieux.
Elles sont du reste abondamment représentées dans la production céramique
correspondante et, dans une moindre mesure, dans la vaisselle en bronze.

1. Cruches à bec

Les exemplaires de cruches à bec en métal précieux qui nous sont parvenus proviennent tous des cercles des tombes à
fosse de Mycènes. Nous connaissons
trois pièces complètes, l'une en or (5),
les deux autres en argent (25, 66a), ainsi
que deux fragments de col et de bec fabriqués en bronze plaqué d'or (37) ou d'argent (57).

La cruche en or se distingue par son
bec oblique et son anse en ruban à profil
en point d'interrogation dépassant le niveau du bord. Sa forme élégante possède
des antécédents dans une cruche MM III
en faïence de Cnossos[126] et, dans une
moindre mesure, dans une cruche en argent à bec oblique provenant de la Maison
du Sud à Cnossos[127].

Les cruches en argent 25 et 66a sont
d'allure un peu différente: corps presque
sphérique, base saillante, bourrelet en
relief à l'épaule, col évasé à profil concave, embouchure oblique, anse à profil
en point d'interrogation de section circu-

laire[128]. Une cruche polychrome MM I. de Cnossos présente les mêmes proportions générales et le bourrelet à l'épaule [129], de même que les vases tenus par des génies sur une gemme de Vaphio et un chaton de bague de Tirynthe[130].

Des deux fragments de col et de bec cités plus haut, nous n'en retiendrons qu'un (57), car le second n'est pas reproduit ni décrit dans la publication du cercle A. Le col à profil concave est semblable à celui de la cruche en argent (25), mais un peu moins élancé. L'intérêt de la pièce réside dans les deux excroissances coniques situées de part et d'autre de la naissance du bec. Un tel dispositif servait peut-être à la fixation de quelque élément rapporté, mais rien n'est moins sûr. Il faut plutôt le considérer comme un accessoire décoratif, qui confère au fragment une allure un peu zoomorphe, laquelle n'est pas sans rappeler certaines théières de style Vasiliki ou des cruches cycladiques dont le bec est pourvu aux mêmes endroits de pastilles d'argile ou d'yeux peints. Quoi qu'il en soit, il paraît justifié de mettre le fragment de Mycènes en parallèle avec deux cruches à bec crétoises, très proches par ailleurs de la cruche 25. Elles sont toutes deux datées du MM II et proviennent de Cnossos [131]; leur bec est flanqué à sa naissance de deux appliques cylindriques disposées obliquement.

2. Cratères, jarres et chaudrons

Ces types de vases sont encore moins nombreux que les cruches: la jarre et le chaudron ne sont représentés que par un seul spécimen.

Il a déjà été question du cratère en argent de la tombe à chambre n° 10 de Dendra (92)[132]. On a vu que c'était un vase étroitement apparenté aux coupes à pied,

nais que ses grandes dimensions le si-
tuaient dans la catégorie des cratères;
d'autre part, il était accompagné d'une
réplique en terre cuite[133].

La seconde pièce à ranger parmi les
cratères provient du cercle A de Mycènes (39); elle est conservée à l'état de
fragments, dont les plus intéressants, du
point de vue de la forme, sont une lèvre
horizontale, un pied circulaire plat et
deux anses en ruban. Ces fragments avaient déjà été attribués par Karo à un même vase, du type cratère, le plus grand
vase égéen en métal précieux[134]. Mais
récemment, le vase a fait l'objet d'une
reconstitution par A. Sakellariou. Contrairement à l'avis de Karo, qui y voyait
une forme fréquente dans la céramique
depuis le MM III[135], la nouvelle reconstitution a donné un cratère amphoroïde
qui se situe entre les petites jarres de la
fin du MM et les cratères amphoroïdes
de l'HR IIIA[136]. Cette forme est unique
au XVe siècle, la céramique n'ayant rien
produit d'équivalent.

La jarre en argent du cercle A (56) est
un vase particulièrement intéressant.
Tous les éléments constitutifs de sa forme, tant sur le plan général que sur celui des détails, trouvent leur correspon-
dant exact dans une jarre en bronze de
la Northwest Treasure House de Cnossos
[137], au point qu'Evans a émis l'hypothèse
que les deux vases proviennent d'un même atelier crétois. La chronologie semble confirmer cette opinion, puisque le
vase de Cnossos est daté du MM IIIb ou
du MR Ia. Même la hauteur des deux pièces est identique (34, 5 cm); seul, le décor les distingue plus nettement. L'analogie la plus évidente entre les deux vases concerne l'anse en ruban et la mouluration de l'épaule (neck moulding) en

33

plusieurs étages. Pour cette dernière Furumark[138] pense qu'il s'agit d'une particularité propre aux jarres métalliques du MM III et des époques suivantes [139], ainsi que des jarres en terre cuite à caractère métallique des mêmes périodes[140], particularité qui se retrouve dans les types céramiques 117, 131 et 200 du Mycénien I[141]. D'autre part, la mouluration simple est largement attestée sur les jarres et les cruches crétoises[142] et la mouluration en plusieurs étages se rencontre notamment sur une cruche en pierre du MR I de Cnossos[143]. En ce qui concerne l'allure de la panse, la structure du col et le type d'anse, un rapprochement tout aussi probant peut être fait avec une jarre représentée dans les peintures de la tombe de Senenmout[144] à Thèbes et avec une autre de la tombe d'Ouseramon[145]. La première est constituée de deux parties -en métal différent, si l'on en croit la signification des couleurs utilisées, le jaune et le blanc-; la ressemblance avec la jarre de Mycènes, également fabriquée en deux parties, s'en trouve accentuée.

Enfin, le <u>chaudron</u> à pied en argent du cercle A (66) constitue une pièce isolée. Sa forme générale est très proche de certaines coupes à pied bas, mais son anse filiforme, arquée et mobile ne possède à notre connaissance aucun antécédent dans le domaine égéen[146]; on la retrouve seulement au cercle A sur un couvercle en argent (40) et à l'état de fragment (60).

C. Rhytons

Cette catégorie de vases occupe une place particulière. En effet, le caractère plastique de ces pièces en fait des documents intéressant surtout l'étude du décor. Ici, on envisagera moins les formes que le

34

principe même du rhyton: les premières ne peuvent pas être étudiées indépendamment de ce qu'elles représentent, la forme n'y est pas, comme dans le cas des autres vases, préalable au décor, exception faite du rhyton-cornet.

On connaît peu de rhytons en métal précieux à l'époque mycénienne; ils proviennent tous du cercle A des tombes à fosse de Mycènes[147].

La première variété est représentée par deux pièces en forme de <u>tête d'animal</u>: tête de lion en or (26) et tête de taureau en argent (27). Leurs équivalents crétois sont nombreux: têtes de lion en pierre de Cnossos[148], têtes de taureau en pierre du Petit Palais[149] et de Zakro [150], têtes semblables en terre cuite[151], rhytons en tête de taureau figurés sur les peintures des tombes égyptiennes[152]. D'autre part, un rhyton en pierre de Mycènes, en tête de taureau[153], constitue de toute évidence la réplique de l'exemplaire en argent du cercle A. Ces exemples, datés de la première phase du Bronze récent[154], montrent à suffisance que la tradition des vases en tête d'animal est bien établie dans l'art minoen. Toutefois, Mademoiselle Maximova met cette origine crétoise en doute. Elle se fonde sur le fait que les rhytons en forme de tête d'animal n'apparaissent en Crète qu'assez tardivement et qu'ils atteignent d'emblée un niveau de perfection élevé, ce qui indiquerait une origine étrangère [155]. Pour le même savant, l'origine serait à rechercher en Syrie, car les tombes égyptiennes du Nouvel Empire présentent des rhytons de ce type portés par des tributaires syriens. C'est également la Syrie qui, selon Evans, aurait joué le rôle d'intermédiaire dans la diffusion des rhytons-taureaux, originaires du pays de

Sumer[156].

Pour sa part, R. Dussaud accepte l'origine mésopotamienne, mais se fondant sur la représentation d'un rhyton en tête de taureau sur un cylindre syro-anatolien, il considère que c'est l'Anatolie qui a assuré le relais entre l'Orient et l'Egée[157]. Pour le même auteur, c'est en Asie Mineure que ce type de pièce aurait acquis sa forme définitive, telle qu'elle est connue en Egée, et les rhytons en tête d'animal portés par les Syriens sur les tableaux des tombes égyptiennes proviendraient de Cappadoce[158]. Des conclusions aussi précises, tirées d'arguments aussi minces, paraissent hasardeuses. Mais on connaît en Anatolie des vases en forme de tête d'animal[159].

Le rôle de l'Anatolie apparaît plus nettement en ce qui concerne la deuxième variété de rhytons: les vases en forme d'animal complet. Même si la Crète connaît la vaisselle zoomorphe dès le MM I [160], il ne fait pas de doute que le seul spécimen mycénien en métal précieux, un vase en argent en forme de cerf (28), dérive directement de vases anatoliens de la première moitié du deuxième millénaire, comme ceux de Kültepe[161]. Il faut rappeler par ailleurs que le cerf, rare en Egée, est souvent représenté dans l'art de l'Anatolie[162].

Enfin, le rhyton-cornet constitue une troisième variété, représentée dans le mobilier du cercle A de Mycènes par le vase en argent décoré d'une scène de siège (29). L'origine crétoise de ce type de pièce est incontestable[163]. Quant à la forme du spécimen en argent, la reconstitution proposée par Karo[164] est pour le moins incertaine; il paraît plus logique de restituer un profil droit, le profil sinueux n'ayant que de rares équivalents

36

dans le domaine égéen.

D. Vases de toilette et petits vases

Ces vases de petites dimensions ont sans doute servi de récipients de toilette. La production est assez homogène; tous les exemplaires proviennent à nouveau du cercle A de Mycènes.

Le vase en or à couvercle (30), de forme générale ovoïde, comporte une base saillante, un double bourrelet saillant à l'épaule, un col large et haut à profil concave, un bord horizontal et deux anses en ruban fixées horizontalement en haut de la panse. L'élément le plus caractéristique en est le couvercle circulaire; son système de fixation est décrit dans le catalogue.

Le même élément de fermeture se retrouve sur un petit vase de même provenance (6), visiblement la réplique en miniature de la pièce précédente. Tous les éléments de sa forme sont semblables, seul le double bourrelet saillant manque à l'épaule.

La forme générale du second vase miniature en or (7) et son type de couvercle sont également analogues. La pièce se distingue cependant par sa lèvre épaisse et sa paroi décorée.

Les vases de petites dimensions sont connus en Crète depuis le MA[165]. La forme des exemplaires en métal précieux se retrouve dans la terre cuite, à Mycènes[166]. D'autre part, le principe du couvercle rendu solidaire du vase par un fil métallique arqué est unique à Mycènes et en Egée.

Enfin, il convient de signaler ici l'existence de deux documents apparentés. Le premier est un bijou en or, orné de granulations, trouvé dans la tholos de Menidi: il a la forme d'une petite cruche à panse plus ou moins hémisphérique, base en disque, petit pied, anse à profil en S et col à parois concaves, mais il ne s'agit que de l'imitation en relief du profil d'un vase[167]. Le second, également en or, lui est semblable; il a été découvert au palais de Pylos[168]. Si ces deux pièces proviennent d'ensembles postérieurs, elles constituent néanmoins un témoignage indirect sur la vaisselle miniature à l'époque mycénienne.

CHAPITRE 2
LES DECORS

A. Les motifs

1. Motifs géométriques
a) <u>Motifs géométriques rectilinéaires</u>

Les motifs géométriques rectilinéaires se réduisent à un assez petit nombre de types, généralement très simples, de sorte qu'ils ne nous permettent de tirer que peu de renseignements ou de conclusions en ce qui concerne la chronologie et les origines.

Le type de décor rectilinéaire le plus élémentaire est constitué de <u>lignes horizontales</u> ciselées. On trouve rarement une ligne isolée (70, 71, 72, 73: à la base); généralement, il s'agit de groupes de deux à cinq lignes parallèles dont la disposition varie. Sur le gobelet en argent de Vaphio (97), un groupe orne la base, un autre le bord et un troisième le milieu de la paroi; il en est de même du gobelet en argent du British Museum[1], étroitement apparenté à la première pièce. Une autre variante de ce décor consiste à limiter par des lignes horizontales une frise de motifs plus élaborés: deux groupes de quatre et trois lignes bordent la zone de spirales enchaînées de la cruche en or de Mycènes (5); le même principe a été appliqué sur la tasse basse à décor curvilinéaire des tombes à chambre de Mycènes (76). On signalera encore deux autres exemples: le petit vase à couvercle du cercle A (7) est agrémenté de trois lignes parallèles en bas de la panse; la coupe à pied à rosettes (20) montre de nombreuses fines

lignes à la lèvre et dans les deux cannelures horizontales qui limitent la zone
à décor figuré à sa partie supérieure.

Les groupes de lignes horizontales
ciselées sont attestés sur un gobelet en
pierre MR Ia à anse de type Vaphio provenant de Cnossos[2]; la disposition des
groupes y est la même que sur le gobelet en argent de Vaphio (97). La Crète
a pratiqué ce type de décor à des époques diverses, surtout sur des vases en
pierre: gobelet en pierre sans anse du
MA II de Mochlos[3], orné d'un groupe à
la base et d'un autre au bord; pièce semblable du MR I de Palaikastro[4]; vase
MR d'Haghia Triada[5].

D'autre part, les trois groupes de
lignes horizontales se retrouvent à l'HA,
à Zygouries, sur un vase de forme différente et traités dans la technique de la
peinture[6]. Il semble que le décor des
gobelets à une anse en métal précieux,
consistant en groupes de lignes horizontales ciselées, soit d'origine crétoise
puisque les parallèles minoens indiqués
relèvent de la technique de l'incision et
figurent précisément sur des formes de
type gobelet. De plus, le gobelet en métal à une anse de Mochlos[7] porte un décor analogue.

D'autre part, on mentionnera un élément de décor apparenté: une étroite
bande repoussée partageant l'anse en
ruban en deux zones longitudinales (54,
58. 101). On en connaît une transposition dans la technique de l'incrustation :
deux bandes horizontales au bord et à la
base du vase incrusté de Dendra (83),
une à la base de celui d'Enkomi[8], une
au bord de la coupe à pied en electrum
du cercle A (23). En ce qui concerne
l'origine, on ne possède à ce point de
vue aucune certitude: les bandes hori-

zontales peintes sont abondantes dans la céramique de tout le bassin égéen, depuis les époques les plus reculées.

Les <u>stries</u> ciselées décorant un petit bourrelet horizontal saillant constituent également un mode fréquent de décoration. Ces stries sont en position transversale, surtout à Dendra (56, 81, 85, 87, 89, 98). Sur les tasses basses de type simple, le bourrelet strié est situé à l'attache de la lèvre horizontale et longitudinalement au milieu de l'anse; sur les tasses du type de Dendra, on le retrouve sur l'anse, dans la même position, à la partie supérieure de la lèvre évasée et de part et d'autre de la zone principale du décor. L'anse de la coupe aux rosettes de Mycènes (20) porte trois fins bourrelets longitudinaux de ce type. Dans certains cas, le bourrelet strié est plus large (7, 43, 67).

Les stries peuvent également être placées obliquement sur un bourrelet simple (5, 43) ou double (42), ou être disposées en arêtes de poisson (3, 42, 43, 65, 115).

Sur les vases de Peristeria, ce principe de décoration est appliqué de façon plus élaborée. Le gobelet 100 porte à mi-hauteur un bourrelet horizontal lisse flanqué de part et d'autre d'un bourrelet plus fin strié transversalement. Le gobelet 99 répond à un schéma identique, mais le bourrelet principal et le bourrelet latéral supérieur sont striés obliquement, tandis que celui du bas est orné de stries transversales.

Du point de vue de l'origine, il faut noter qu'un fin bourrelet strié transversalement, identique à celui qui décore la lèvre des tasses basses du type de Dendra, est visible sur des bols hémisphériques en pierre de Cnossos et Palaikastro, datés du MM III-MR I[9], ainsi que sur une lampe en pierre MR I de Pseir 10. D'autre part, le bourrelet situé l'attache de la lèvre horizontale des tasses basses de type simple se retrouve, à la même place, sur certains tasses basses métalliques du MM IIIb de Crète [11].

L'origine du motif est donc très probablement crétoise et l'indice le plus évident est fourni par la jarre en argent de Mycènes (56) qui reproduit exactement celle de Cnossos[12], y compris le bourrelet strié à l'épaule.

Le bourrelet plus large et surtout les stries ciselées obliques ou en arêtes de poisson posent un problème plus complexe. Un tesson HA de Korakou[13] constitue un équivalent strict du métal : il porte en effet un fin boudin en relief agrémenté de petites lignes obliques incisées. Un autre tesson, de Zygouries, montre deux boudins en relief, mais à lignes obliques peintes[14]. A l'HA on connaît aussi des motifs semblables, traités en deux dimensions, selon la technique de la peinture ou de l'incision: deux lignes horizontales parallèles remplies de petites lignes obliques ou en arêtes de poisson[15]. Il en est de même en Crète, au Néolithique et au Minoen ancien[16].

Le bourrelet strié transversalement et placé en position verticale se retrouve dans un motif que nous appellerons le motif en colonne. Répétés en frise tout autour de la paroi du vase, ces éléments supportent une série d'arcades également traitées au repoussé; ces arcades ont une forme ogivale (3, 42, 65) ou en berceau (43) qui les situe à la limite entre les motifs rectilinéaires et curvilinéaires.

Le cercle A de Mycènes a livré en outre une pièce (47) qui montre le même motif de colonnes et d'arcades en berceau à double contour, réalisé dans la technique de la ciselure.

Pour les trois gobelets de Mycènes à une zone d'arcades (3, 42, 65), on peut indiquer un parallèle précis: les bourrelets striés obliquement qui en partagent la paroi trouvent leur équivalent peint sur des gobelets à une anse de style de Camarès provenant de Phaestos[17]. Un gobelet polychrome à une anse du MM II de Cnossos[18] annonce de façon plus nette encore les trois pièces de Mycènes: une bande de lignes en arêtes de poisson divise la paroi en deux zones, elles-mêmes décorées de motifs en arcades.

Pour les arcades à double contour du gobelet en argent 47, Evans a indiqué un rapprochement frappant avec un tesson MM II de Cnossos[19].

Les cannelures horizontales ou verticales constituent une dernière catégorie de décor rectilinéaire. Il s'agit cependant ici d'éléments plus plastiques que linéaires ou graphiques, au même titre que les bourrelets lisses de nombreux gobelets[20]. Les cannelures verticales ornent la paroi de plusieurs gobelets à une anse (66c, 67, 68). Dans le dernier exemple cité, elles sont séparées en deux zones par un bourrelet horizontal. Les cannelures peuvent également être terminées à chaque extrémité par une rangée d'arcades en berceau (14). On en trouve également en position longitudinale sur l'anse de la jarre en argent de Mycènes (56).

Les cannelures horizontales se rencontrent principalement au cercle A de Mycènes. Elles couvrent toute la surface du vase (11, 12, 52) ou seulement une partie (20, 56). De part et d'autre de la frise du gobelet A de Vaphio (95), l'ar-

tiste a fait courir une cannelure horizontale.

Le décor cannelé remonte en Crète
aux époques les plus anciennes. Ce principe décoratif se présente sur le pied
des calices subnéolithiques[21], mais le
type est cependant un peu différent: la
séparation entre les cannelures est marquée seulement par une ligne incisée et
elles ont une surface plane.

La céramique du MM II du type egg-
shell, dont on connaît le caractère métallique accusé[22], a produit elle aussi des
pièces à cannelures verticales de section
concave(23), ainsi que leur imitation
en peinture[24]. Celles à section concave
sont particulièrement proches, par leur
extrémité arquée, de celles du gobelet
14. D'autre part, un gobelet en pierre à
une anse d'Haghia Triada[25], daté du MM,
et un autre en terre cuite du MM III de
Cnossos[26] peuvent raisonnablement être
considérés comme les modèles des deux
gobelets à cannelures horizontales de
Mycènes (11, 12).

On se gardera enfin d'oublier les tes-
sons cannelés de la céramique minyenne
de Prosymna[27] et on rappellera que les
gobelets à pied de l'HM ont le pied constitué de cannelures horizontales[28].

On mentionnera pour terminer la tête
des rivets en forme de losange de la
coupe à pied de Mycènes (23), forme
qui se retrouve sur un pendentif en
pierre de Cnossos[29] et sur des perles de
collier de Palaikastro[30]. Il est également intéressant de noter que la tête des
rivets des vases en or de Fritzdorf[31] et
de Rillaton[32] a exactement la même forme en losange que sur la coupe de Mycènes.

b) Motifs géométriques curvilinéaires
Nous abordons ici un type de décoration

44

eaucoup plus intéressant. Les motifs urvilinéaires occupent en effet une place de choix dans le répertoire iconographique des pièces du cercle A des tombes à fosse de Mycènes; d'autre part, ces motifs sont nettement plus caractérisés que les motifs rectilinéaires et ils sont représentés par un plus grand nombre d'exemples (surtout les différentes variétés de spirales).

Le premier motif étudié combine à la fois un élément rectiligne et des éléments curvilignes: il s'agit d'une rangée de cercles disposés dans le champ d'une bande horizontale assez large. Traité au repoussé -les cercles sont alors plutôt des boutons en relief-, ce motif apparaît sur la tranche de la base en disque de la coupe aux rosettes de Mycènes (20) ainsi qu'au bord et à la base de la vasque de la coupe de Dendra (84) décorée d'une scène de chasse. Une bande décorative semblable a été également transposée en deux dimensions pour souligner le bord de deux pièces incrustées. (23 et vase d'Enkomi déjà cité).

Comme l'indique Furumark[33] , la bande meublée de cercles est attestée dans la céramique crétoise, principalement dans le style de Camarès[34], mais on la trouve déjà au MA III[35] et au MM I[36]. Le même motif décore l'anse d'un bassin en bronze (variante de grandes dimensions de la tasse basse) de Cnossos[37]. Il est attesté également sur les gobelets à une anse représentés dans les tombes thébaines du Nouvel Empire[38] et limite la zone végétale du gobelet en bronze de Mochlos[39]. En Grèce, par contre, le motif est très rare[40].

Une variante plus simple est visible sur la lèvre horizontale recouverte d'or d'une tasse basse en bronze des tombes

45

à chambre de Mycènes (77): il s'agit d'une rangée de petits cercles ou plutôt de gros points repoussés. On rencontre une suite semblable de points sur l'anse du gobelet aux dauphins de Mycènes (4), en position longitudinale médiane. D'autre part, le bord du gobelet 68 du cercle B est souligné par deux rangées parallèles de points repoussés.

Le deuxième motif a un caractère exclusivement curvilinéaire: il s'agit des couronnes et des cercles décorant le fond de certains vases. On rencontre à nouveau plusieurs variantes: deux cercles concentriques ciselés, entourés (101) ou non (4) d'un bourrelet circulaire repoussé, une couronne en relief déterminée par deux cercles concentriques (66b), deux couronnes en relief déterminées par trois cercles concentriques et le cercle de contour du fond (100). Une telle décoration possède son équivalent dans la terre cuite. Dans l'état actuel des publications, qui négligent souvent cet aspect de l'ornementation des vases, c'est la céramique mycénienne qui offre les plus nombreux exemples de fonds de vases décorés de cercles concentriques [41]. L'origine de ce motif doit, semble-t-il, être cherchée dans une influence des procédés techniques utilisés pour le façonnage des vases. Il est intéressant d'attirer l'attention à ce point de vue sur le disque d'argile d'un tour crétois moderne, pourvu sur sa face supérieure de rainures concentriques[42]; ces éléments, sans doute des repères de centrage, reproduisent sur le fond des poteries un décor en relief non intentionnel constitué de cercles concentriques en relief et causé par la pénétration de l'argile dans les rainures du disque[43]. Les potiers égéens, qui utilisaient le tour à disque

46

d'argile[44], ont pu connaître cette forme de décoration qu'ils ont ensuite imitée en peinture.

Les mêmes observations sont valables en ce qui concerne le motif tournoyant repoussé au fond du gobelet bas en or du cercle B de Mycènes (68)[45]. Ici aussi, la décoration de la céramique mycénienne donne des équivalents[46] et la technique de façonnage rend compte de l'invention accidentelle du motif. Certains disques d'argile de tours minoens, sur lesquels on procédait au tournage des poteries, ont leur face inférieure munie de rainures formant motif tournoyant[47] -ces rainures sont destinées à augmenter l'adhérence du disque avec une galette d'argile insérée entre la girelle du tour et le disque-; ces rainures produisent à la surface supérieure de la galette un décor tournoyant en relief[48] qui a pu inspirer les peintres.

Outre une frise de spirales enchaînées dont il sera question plus loin, la jarre en argent du cercle A de Mycènes (56) porte, à mi-hauteur de la panse, un décor d'arcades semi-circulaires doubles. On a déjà mentionné la présence d'arcades sur des gobelets à une anse[49], mais elles étaient associées à des éléments rectilignes en forme de colonnes. Ici, le motif est entièrement curvilinéaire. Les retombées des arcades sont terminées par des gouttes, ce qui accentue encore la ressemblance avec la jarre en argent de Cnossos[50], dont on a vu que la pièce de Mycènes était la réplique[51]. Une rangée d'arcades semblables court autour de la base de la tasse basse en or d'Ayios Ioannis[52]; de plus, cette rangée est associée à une frise de spirales comme sur la jarre de Mycènes.

Furumark a montré l'origine crétoise

du motif[53]. Les arcades doubles terminées par des gouttes se retrouvent dans la céramique du MM IIIb-MR Ia[54]. D'autre part, l'association des arcades et d'une frise de spirales, exactement semblable à celle de la jarre de Mycènes, est visible sur une cruche en terre cuite de Routsi datée des environs de 1500[55].

L'arcade à triple courbure ou tricurved arch[56] constitue un élément décoratif plus élaboré. Tandis que l'arcade à simple courbure s'accommodait seulement de la disposition en frise, celle à courbure triple peut se répéter à l'infini en une combinaison en quinconce qui permet de couvrir toute une surface, formant un motif de filet. La partie inférieure du rhyton en argent à scène de siège (29) porte un décor de ce type qui évoque les vagues de la mer. Sur une tasse basse en argent des tombes à chambre de Mycènes (76), on trouve le même motif limité à une bande horizontale. Dans ces deux exemples, chaque tricurved arch est indiqué par un contour double et porte un élément de remplissage en forme d'arc de cercle repoussé. Ce détail n'est pas sans importance en ce qui concerne la chronologie de la tasse 76 et donc des pièces du type de Dendra, dont elle fait partie; on le voit, l'étude du décor confirme la date HR I proposée plus haut[57] pour le groupe des tasses basses du type de Dendra.

Il est superflu d'insister sur l'origine crétoise du motif de la double hache que l'on voit figuré sur les deux gobelets incrustés de Dendra (93, 94) et dont on retrouve la forme dans l'attache de l'anse du chaudron en argent de Mycènes (66)

Le bouclier en huit est lui aussi un

élément décoratif crétois. A la frise de boucliers repoussés du vase de Pharai (106), il faut ajouter les trois exemples du cercle A de Mycènes: deux petits boucliers appliqués au bord du rhyton à scène de siège (29), de part et d'autre de l'attache inférieure de l'anse, et un troisième, isolé, provenant d'une pièce disparue (40).

L'équivalent de cet élément en métal appliqué se trouve dans la céramique crétoise sous forme d'un bouclier en huit en relief, notamment à l'épaule de deux jarres à étrier du style du Palais trouvées à Cnossos[58] et au col d'une cruche contemporaine de Katsabas[59]. Si le motif n'apparaît dans la poterie qu'au Bronze récent, un sceau en stéatite du MA III est cependant décoré d'un bouclier en huit[60] et le Trésor d'Egine comporte une bague en or décorée du même motif[61].

Dans le problème très controversé de l'origine du bouclier en huit, nous pensons qu'il convient d'apporter une indication nouvelle, à savoir la ressemblance entre ce motif décoratif et la forme de certaines anses de la céramique crétoise. Les anses verticales de plusieurs jarres et pithos[62] présentent en effet un aspect particulier: le profil en demi-ove ou en demi-ellipse de ces anses se retrouve dans l'allure bombée du bouclier et d'autre part l'élargissement en forme de disque de leurs deux attaches[63] évoque les deux moitiés du huit. La ressemblance est particulièrement évidente sur un pithos MM IIIb de Cnossos[64] et surtout sur un vase de Phaestos où la forme de l'anse est doublée par un motif en huit peint sur la paroi[65]. L'idée que le motif bilobé dériverait du type d'anse en

49

question nous semble confirmée par u
vase en pierre crétois[66] muni d
trois boucliers en huit en relief disposés horizontalement à l'épaule et per-
cés d'un trou transversal qui leur donne
la fonction d'une anse.

Pour terminer, on examinera les différentes variétés de spirales qui décorent un grand nombre de vases en métal
précieux.

La combinaison la plus simple de spirales enchaînées est visible dans la décoration d'un des trois bacs à fleurs de
la coupe à pied incrustée du cercle A de
Mycènes (23). Le motif complet se
compose de dix spirales doubles (dix é-
léments en S) qui suivent en frise continue, chacune étant attachée à ses voisines par ses deux extrémités; l'ensemble évoque des vagues déferlantes.
Le principe de la frise se retrouve à la
partie supérieure de la panse de la jarre en argent de Mycènes (56). Deux
frises superposées, séparées par un
bourrelet saillant, décorent la paroi de
deux gobelets fragmentés du cercle A de
Mycènes (9, 51) et d'un gobelet à une
anse de la tholos de Peristeria (100).
Sur ces pièces, les doubles spirales se
pénètrent plus intimement et elles ont
un double contour, étant exécutées au
repoussé. Sur ces trois gobelets, chaque moitié de spirale forme une seule
circonvolution, tandis que sur la jarre
en argent la circonvolution est double.
Il en est de même de la petite cruche en
or de Mycènes (5) où les trois frises
superposées sont reliées entre elles, de
sorte que les doubles spirales s'enchaî-
nent aussi bien dans le sens vertical que
dans le sens horizontal.

La spirale est le motif décoratif crétois par excellence[67]; rien d'étonnant

que l'on cherche en Crète les antécédents des combinaisons rencontrées dans le domaine mycénien.

Le type de la frise en vagues déferlantes est connu dans l'art minoen, particulièrement dans la céramique, depuis les époques anciennes[68], même si généralement les enroulements sont plus prononcés.

Il en va de même de la frise du type de celle de la jarre 56[69]. Le MA III nous fournit par ailleurs un modèle[70] pour le décor de la cruche en or de Mycènes (5): les spirales se groupent en deux rangées superposées. Enfin, l'enchaînement des spirales dans les sens vertical et horizontal se retrouve dès le MA III[71].

Bien que le schéma général du décor y soit le même que sur les gobelets cités plus haut -deux zones superposées séparées par un bourrelet horizontal médian-, le gobelet en or 44 de Mycènes montre un principe d'enchaînement plus complexe. Les deux zones se composent de deux frises de doubles spirales repoussées et réunies entre elles dans les sens horizontal et vertical; les vides entre toutes ces spirales prennent ainsi la forme de triskèles; l'ensemble du motif s'articule sur deux rangées de croix disposées en quinconce et dont les branches s'incurvent à la manière des branches d'un tétraskèle[72].

Le schéma de construction du réseau spiralé du gobelet 44 a été appliqué très fréquemment dans la céramique crétoise avec diverses variantes de détail: les enroulements sont réduits à de gros disques peints[73] ou au contraire traités sous forme de cercles concentriques[74]. Il est intéressant de remarquer que certaines peintures égyptiennes montrent un réseau de spirales peintes semblables, mais fondé sur un schéma quadrillé[75]: les centres des enroulements sont des <u>tétraskèles</u>, mais ils sont disposés en carré et non en quinconce comme sur le gobelet de Mycènes. Le rôle de l'Egypte dans la création de ce type de combinaison ne semble pas déterminant, puisque la Crète a également produit cette variante quadrillée[76].

Un procédé d'enchaînement semblable au précédent a été appliqué de façon plus élaborée encore sur un gobelet de Peristeria (99): chacune des deux zones comporte trois rangs superposés de doubles spirales qui s'articulent sur des disques en relief disposés en quinconce: la rangée centrale communique avec les deux frises extérieures si bien que six doubles spirales rayonnent de chaque disque de la frise centrale, tandis que quatre seulement partent des disques des rangées latérales. Dans le même temps, il se forme une disposition en frises dans trois directions: une dans le sens horizontal et deux dans des sens obliques opposés. Le fragment de fond 62 de Mycènes porte un réseau de spirales repoussées tout à fait comparable; cependant, dans les trois directions, les frises superposées sont au nombre de sept et dès lors chaque centre d'enroulements constitue le départ de six doubles spirales; de plus, ces centres ne sont pas marqués par un disque repoussé[77].

Les frises superposées du gobelet 99 ont également des antécédents en Crète[78]. D'autre part, des variantes sont attestées au cercle A de Mycènes[79]: trois frises superposées, mais

disposition quadrillée et centres des enroulements n'ayant pas la forme de té-
traskèles[80]; même schéma développé
sur deux rangées seulement[81]; trois
rangées en quinconce, sans disques
centraux[82]. Seul, un poignard en bronze
incrusté d'argent montre un réseau i-
dentique à celui du gobelet de Peristeria[83]. Il faut encore remarquer que
trois frises semblables à celles de ce
dernier -les disques sont cependant absents aux centres des enroulements-
décorent le revers de quelques scara-
bées égyptiens datés de la XIIe dynastie[84]; il s'agit peut-être là de la mani-
festation d'une influence crétoise, mais
ces exemples anciens doivent être si-
gnalés.

La frise simple de spirales se présente également sous une variante qui
semble propre au décor des tasses
basses de type simple. La tasse basse
de la tholos de Vaphio (98) porte trois
rangées -une sur la lèvre horizontale et
deux sur l'anse en ruban- de spirales
simples non reliées les unes aux autres
et dont l'enroulement extérieur subit
une déformation excentrique sous forme
d'un appendice à extrémité arrondie[85].
Une tasse de Dendra (88) et les fragments de Berbati (108) sont décorés de
frises semblables, mais les spirales
simples y sont reliées entre elles par
leur partie inférieure et à Berbati l'appendice se termine en pointe. Enfin, la
tasse basse en or de Peristeria (101)
porte sur sa paroi une rangée de doubles
spirales enchaînées; le sommet de chaque enroulement extérieur est relié aux
spirales voisines par une ligne ondulée
ciselée qui forme à la gauche de chaque
spirale un motif semblable aux appendices des pièces précédentes.

Enfin, on se gardera d'oublier que les anses en ruban du canthare en or 102 de Kalamata se terminent en spirales simples divergentes.

En ce qui concerne les spirales à appendice latéral, l'origine semble à nouveau devoir être recherchée en Crète, dans des monuments remontant jusqu'au MM II. Une jarre du style de Camarès porte deux rangées de spirales doubles munies de deux excroissances rappelant celles des pièces en métal précieux de Dendra et Berbati[86]; un réseau identique est visible sur une fresque du palais de Cnossos, datée du MM III[87]. En outre, la forme plus élaborée qui décore la tasse basse de Peristeria (101) se rencontre assez souvent dans l'art minoen: des lignes ondulées réunissent le sommet et la base des spirales de la frise de deux monuments sculptés de Cnossos[88] ainsi que celles de la frise peinte du Hall des doubles haches[89]; la céramique a produit des exemples identiques[90].

Quant aux spirales simples divergentes terminant les anses du canthare de Kalamata (102), elles n'ont pas d'antécédent en Crète. On peut seulement noter que le motif, placé à l'extrémité d'un élément ou d'une pièce entière, est fréquent en Anatolie occidentale[91] et dans l'Age du Bronze de l'Europe orientale et centrale[92].

En terminant, il convient de remarquer que dans la céramique helladique ancienne et moyenne les spirales sont rares et toujours très simples; jamais on ne rencontre de compositions aussi élaborées qu'en Crète[93]. Il en est de même de la céramique mycénienne, où la seule variété largement attestée est celle décorant la tasse de Peristeria[94].

54

Enfin, on notera l'abondance et la variété des spirales dans le domaine cycladique. On remarquera en particulier que le schéma de composition du fond de vase de Mycènes (62) est attesté sur de nombreuses poêles à frire du Cycladique ancien[95].

2. Motifs naturalistes

a) <u>Motifs végétaux et éléments de paysage</u>

Les éléments végétaux constituent une part importante du répertoire décoratif de l'art égéen. C'est dans ce domaine que l'influence crétoise sur l'art du continent est la plus évidente. A ce point du vue, la vaisselle mycénienne en métal précieux ne fait pas exception. On examinera successivement les motifs de feuilles, les motifs de fleurs et les éléments de paysage.

L'assemblage de feuilles le plus fréquent est la <u>tige feuillue</u>, traitée au repoussé ou selon la technique de la ciselure. L'exemple le plus naturaliste figure sur le gobelet 10 de Mycènes. Les autres sont plus schématisés; on les trouve en frise sur l'anse d'une tasse basse de Mycènes (53) ou à l'épaule du vase à couvercle de même provenance (30). L'attache supérieure de l'anse de la tasse incrustée de Mycènes (75) porte une tige semblable, mais limitée à ses extrémités par des feuilles disposées en éventail qui réunissent les deux rangées longitudinales. Les feuilles ont toujours la même forme de languettes, d'amandes ou de gouttes; sur des fragments du cercle A de Mycènes (63), l'intérieur des feuilles est agrémenté d'un motif en languette allongée qui double leur contour.

La tige feuillue à deux rangées a été

traitée aussi dans la technique de l'in
crustation (frise de la paroi de la tasse
basse 75), avec parfois omission de la
tige comme sur les fragments de Pylos
(112). D'autre part, la tige peut n'avoir
qu'une seule rangée de feuilles, par
exemple sur la lèvre horizontale de la
tasse basse 53, et l'unique rangée peut
prendre l'aspect d'une frise de courtes
languettes plus rigides et moins élégan-
tes (lèvre horizontale de la tasse 2). On
mentionnera aussi deux variantes: l'anse en ruban de la tasse aux têtes barbues (75) porte trois rangées longitudinales de feuilles en amande disposées
obliquement, alternativement dans un
sens et dans l'autre; les anses du canthare en or du Metropolitan Museum de
New York (117) montrent des motifs de
fougères faits d'une série de chevrons
ciselés.

Enfin, le motif le plus élaboré et le
plus complet se trouve incrusté sur la
coupe à pied en electrum de Mycènes
(23). L'élément principal du décor de
cette pièce consiste en une sorte de bac
à fleurs à parois concaves d'où émergent, entre six tiges pointues, cinq
feuilles ondulées terminées en éventail.

La céramique mycénienne montre une
prédilection pour le motif de la tige
feuillue ou foliate band[96], tout comme
celle du Minoen récent[97]. On ne con--
naît pas d'équivalent à l'HM.

Plus anciennement, la tige feuillue
apparaît déjà sous forme naturaliste
dans la céramique du MM I[98] et le foliate band à une rangée est attesté dans
le style de Camarès[99]. D'autre part, la
lèvre horizontale et l'anse d'un bassin
en bronze MM IIIb de Cnossos[100] sont
décorées d'un même élément végétal et
rappellent singulièrement la tasse 53 de

56

Mycènes.

Pour ce qui concerne en particulier le motif des tiges sortant d'un bac à fleurs (23), on peut établir un rapprochement avec une gemme contemporaine provenant de Vaphio[101], mais surtout avec une fresque décorant la villa d'Amnisos et datée du MR I[102]: de deux bacs superposés de forme allongée et à côtés concaves émergent un groupe central de tiges feuillues et deux groupes latéraux de fleurs, entourés chacun de deux rangées de feuilles allongées terminées en pointe; ces dernières ainsi que les bacs sont tout à fait identiques sur la coupe incrustée.

La feuille de lierre constitue un motif propre aux pièces de Dendra. On en trouve une frise sur la paroi de deux tasses basses des tombes à chambre de ce site (85, 87). Le procédé d'emboîtement des différentes feuilles nous intéresse spécialement. Il est exactement pareil à celui des deux frises de feuilles de lierre identiques qui ornent une lampe en porphyre de Palaikastro[103].

Le rapprochement entre cette lampe et les deux tasses de Dendra est si étroit que les trois pièces doivent être considérées comme sensiblement contemporaines. La lampe de Palaikastro, datée du MR Ia, nous semble donc confirmer la date HR I que nous avions proposée pour les tasses basses du type de Dendra[104].

Si le sacral ivy, motif crétois[105], a à l'origine une forme de coeur[106], une transformation importante s'observe sur la lampe de Palaikastro et les tasses de Dendra. Les motifs n'y sont plus disposés obliquement mais axialement par rapport à la rangée; joint à l'emboîtement des motifs, ce principe provoque la transformation des éléments qui ne sont plus des sacral ivy au sens strict, mais adoptent une forme en Y couché, la pointe de la feuille traditionnelle s'étant développée en un appendice qui a l'allure du tranchant d'une hache. Dans les chaînes de feuilles de lierre de la céramique mycénienne - à l'HR IIB et surtout à l'HR III[107] -, cette transformation n'a pas lieu; d'autre part, les motifs ont un double contour. Le décor des tasses basses de Dendra ne s'apparente donc pas au répertoire de l'HR III, mais à celui du début du Bronze récent de Crète.

A Dendra encore, on rencontre un motif particulier. L'extrémité inférieure de l'anse en ruban de deux tasses basses (81, 87) a été découpée en forme de deux chapiteaux végétaux superposés. Cet élément est décoré de ciselures qui lui confèrent, avec les nervures du reste de l'anse, l'aspect d'une colonne cannelée à double chapiteau papyriforme.

Bien que d'origine égyptienne, le papyrus est fréquemment représenté dans la céramique égéenne[108]. En ce qui concerne plus spécialement la présence du double papyrus à l'extrémité d'une anse, les rapprochements indiquent une nouvelle fois une origine crétoise. Le vase en pierre veinée qui figure dans la main d'un porteur du groupe B de la fresque de la procession du palais de Cnossos est en effet muni d'une anse terminée en triple chapiteau papyriforme[109]; de même, une anse en argent de la tombe royale d'Isopata[110], de profil identique à celle des tasses basses de Dendra, présente la même caractéristique. N'étant pas agrémenté d'un décor végétal ajouté, ce dernier document peut être mis en rapport avec la forme de certaines doubles haches crétoises à quatre tranchants[111]. On aurait là une origine possible du motif, d'autant plus qu'une hache de ce type, trouvée à Zakro[112], montre une décoration gravée de caractère végétal.

La deuxième catégorie de décor végétal est celle des motifs floraux, nettement plus rares dans la vaisselle mycénienne en métal précieux.

Particulièrement abondantes dans la céramique[113] et dans l'orfèvrerie[114] mycéniennes, les rosettes ne sont représentées que sur deux vases du cercle A de Mycènes et sur les deux gobelets incrustés de Dendra (93, 94). A Mycènes, une coupe dont il ne reste que des fragments (8) porte des rosettes appliquées; elles sont constituées d'un disque central et de dix pétales à extrémité cintrée. La coupe à pied en or de la tombe IV (20) est décorée de douze rosettes repoussées à deux couronnes concentriques de pétales, ceux de la couronne extérieure étant terminés en ogive[115]. D'autre part, les deux anses en ruban du Metropolitan Museum (118) sont agrémentées d'une rangée longitudinale de motifs un peu différents: un disque entouré de six gouttes rayonnantes, le tout repoussé.

Un second motif est figuré sur un petit vase à couvercle de Mycènes (7): il s'agit d'un groupe de trois pétales de forme allongée et à base ornée de stries obliques et extrémité cintrée. On ne connaît aucun équivalent exact de ce motif.

Enfin, on notera l'existence d'un type de décor plus élaboré qui permet de situer une scène ou une action à personnages et qui présente un paysage ter-

restre ou marin: rochers et touffes
d'herbes de la coupe à pied de Bruxelles (115), rochers et arbres sur les
gobelets de Vaphio (95, 96), oliviers du
rhyton à scène de siège (29), plantes a-
quatiques et roches de la tasse aux
poulpes (81), de la coupe aux oiseaux
(89) et du gobelet aux dauphins de Mycènes (4). Ces éléments constituent un
emprunt des arts industriels au grand
art, particulièrement à celui de la
fresque: ils intéressent ,surtout les
problèmes de composition ; il en sera
question dans la suite[116].

b) <u>Motifs animaliers</u>
L'influence crétoise se manifeste encore de façon évidente dans le répertoire animalier de l'art mycénien, spécialement dans l'orfèvrerie des débuts
de l'époque mycénienne. Les vases métalliques mettent en scène une assez
grande variété d'animaux. Le répertoire comprend des quadrupèdes, quelques oiseaux et une faune marine assez
riche.

L'espèce la plus fréquemment figurée
parmi les quadrupèdes est celle des
<u>taureaux</u>, représentés tantôt sous forme
d'animal entier, tantôt sous forme de
tête (bucrâne). Ils sont exécutés soit en
relief, sur les gobelets de Vaphio (95,
96) et le gobelet de la tholos de Dendra
(80), soit selon la technique de l'incrustation, sur les vases de Dendra (83, 93,
94), ou encore en ronde bosse sous
forme de rhyton (27). Le taureau cons -
titue un des motifs favoris de l'art
crétois, depuis les époques les plus anciennes. Dans l'art mycénien, en particulier dans la céramique, il n'apparaît
pas avant le Mycénien III[117].

Les deux gobelets de Vaphio constituent un des sommets de l'art égéen; ils ont été décrits et étudiés à de si nombreuses reprises[118] qu'il est superflu d'y revenir ici. On rappellera seulement qu'on y voit figurées deux scènes de capture des taureaux, capture brutale et violente sur le premier gobelet (95), capture par ruse sur le second (96), que le même contraste se retrouve dans la décoration des "reliefs Elgin" ainsi que dans les frises en stuc peint du corridor d'entrée nord du palais de Cnossos, au point qu'Evans voit dans ces dernières le modèle des scènes des "reliefs Elgin" et des gobelets de Vaphio[119], que récemment enfin on a proposé de voir dans le gobelet B l'oeuvre d'un artisan crétois et dans le gobelet A celle d'un artiste mycénien[120].

Le gobelet de la tholos de Dendra (80) est étroitement apparenté à ceux de Vaphio, spécialement au gobelet A, tant du point de vue technique[121] qu'en ce qui concerne l'iconographie. La pièce a subi des dommages importants, mais on peut encore y reconstituer deux tauteaux dans l'attitude du galop volant; les cornes et la queue ont le même profil que celles du taureau au galop du vase de Vaphio, les pattes sont dans la même position; seule, la tête est plus relevée et aucune indication de paysage n'est visible. Pour autant que l'on puisse en juger, le style est plus schématique et moins précis.

Un autre type de représentation nous est connu par le vase incrusté de Dendra (83), dont la paroi est décorée de cinq têtes de taureau vues de face. La courbure prononcée des cornes confère à ces motifs une élégance et une valeur décorative certaines; d'autre part, en limitant les possibilités du point de vue du rendu réaliste des détails, la technique utilisée est responsable de la stylisation assez marquée[122]. Le rapprochement avec la tasse incrustée d'Enkomi[123] vient naturellement à l'esprit: les têtes de taureau y sont traitées avec plus de rudesse cependant et le champ est encombré de nombreux motifs secondaires.

Si la technique utilisée est typiquement continentale, en revanche le motif de la tête de taureau vue de face fait partie du répertoire iconographique crétois du MR Ia[124]. Dans la céramique mycénienne, il apparaît tardivement[125]. Un bucrâne particulièrement proche de ceux de Dendra, surtout en ce qui concerne la courbure des cornes, est visible sur une intaille crétoise du MR II-III[126].

Pour la date du vase incrusté de Dendra, les tableaux peints des tombes égyptiennes nous apportent des indices importants. Des gobelets à une anse décorés de têtes de taureau incrustées vues de face -soit l'équivalent des gobelets incrustés 93 et 94- ornent les tombes de Menkheperesseneb[127] et de Senenmout[128]: le motif faisait donc partie de la décoration des vases égéens en métal précieux (les couleurs utilisées indiquent la technique de l'incrustation) au XVe siècle[129] et dès lors la date de 1400 proposée par Persson pour la tasse de Dendra[130] s'avère acceptable.

A la différence du taureau, le lion est assez rarement figuré en Crète. Par contre, à Mycènes les représentations en sont abondantes, notamment au cercle A des tombes à fosse[131]: stèle sculptée[132], coffret plaqué d'or[133], poignards incrustés[134], ... La prédilection pour le lion se manifeste cependant le mieux dans la glyptique mycénienne, qui s'oppose à ce point de vue à la céramique, où le lion est absent.

Le rhyton en forme de tête de lion du cercle A de Mycènes (26) témoigne, selon l'expression de Karo, d'un goût pour la stylisation héraldique et monumentale[135], assez opposé au naturalisme du rhyton en argent (27). Le palais de Cnossos a livré un rhyton en albâtre en forme de tête de lion[136] étroitement apparenté, notamment dans le détail des joues: sur les deux pièces, elles sont traitées en plusieurs plans en éventail, séparés par des arêtes.

Quant aux lions représentés au repoussé sur la coupe à pied de Mycènes (54: trois lions courant) et sur celle de Bruxelles (115: lion poursuivant un cerf), ils sont figurés dans l'attitude du galop volant. Sur la première pièce, l'absence d'indication de paysage et l'allongement exagéré des lions confèrent à la décoration un caractère un peu irréel, accentué par le fait que le corps des animaux se plie à une disposition décorative en double spirale.

Le style de la coupe du Musée Benaki (114), décorée de chiens courant, est tout à fait comparable (galop volant, absence de paysage); cependant, les animaux y ont été traités avec plus de réalisme, surtout du point de vue du modelé. On rencontre le même caractère dans les têtes de chien qui terminent les anses des coupes du "trésor de l'acropole" de Mycènes (70, 71, 72, 73) et dont le principe décoratif rappelle un vase en cristal du cercle B[137].

Des chiens chassant font également partie de la décoration d'une coupe à pied fragmentée de Dendra (84). De leurs attitudes et de celles de leurs

proies -des cervidés-, très contorsion-
nées[138] se dégagent une impression de
mouvement violent et un sentiment de
drame dont on ne trouve l'équivalent que
sur certains ivoires mycéniens et sur le
coffret plaqué or de Mycènes[139]. Mais
sur ce dernier, on sent que les mouve-
ments et les déformations des corps ré-
pondent à une tendance plus abstraite et
décorative que P. Demargne a rappro-
chée avec raison de l'esprit de l'art des
steppes[140].

Enfin, la chasse au cerf de la coupe
de Bruxelles (115) témoigne d'un style
plus conventionnel, presque apaisé, qui
réduit le motif à un simple défilé d'animaux au galop.

Les oiseaux n'occupent pas une place
importante dans le répertoire iconographique de la vaisselle mycénienne en
métal précieux. On n'en rencontre que
sur deux pièces: oiseaux en ronde bosse
appliqués sur les anses de la coupe de
Nestor (22), canards exécutés au repoussé sur une coupe à pied de Dendra
(89). Ces derniers, au nombre de cinq,
sont enfermés dans des médaillons dont
la forme souligne le contour des animaux; ils sont représentés en plein vol
sur un fond d'écailles figurant la mer;
leur corps stylisé en forme de quille est
vu de profil, tandis que les ailes s'étalent de part et d'autre en vue plongeante[141]. Cette convention dans la représentation se retrouve dans la fresque
aux poissons de Phylacopi[142] et sur de
nombreux sceaux: nous en citerons
deux, provenant de Mycènes et de Routsi, qui montrent des oiseaux presque i-
dentiques à ceux du vase de Dendra[143].
Le même type de canard, représenté
dans une attitude de vol semblable, fait
partie du décor incrusté d'un poignard

du cercle A de Mycènes[144], dans lequel l'artisan a cependant fait preuve d'un sens plus grand de la vie et du naturel.

Les deux oiseaux de la coupe de Nestor (22), identifiés comme des faucons[145], montrent une raideur et une stylisation encore plus poussée que les canards de Dendra. On retiendra seulement à leur propos le principe de décoration: le fond d'un vase en terre cuite du MM de Palaikastro porte un oiseau stylisé en ronde bosse[146] et un gobelet en bronze de Tirynthe a son bord orné d'une représentation d'oiseau semblable[147]. D'autre part, on a vu un principe apparenté dans les exemples d'anses zoomorphes à l'époque des tombes à fosse[148].

La tasse aux poulpes de Dendra (81) constitue un document de première importance en ce qui concerne les figures d'animaux marins. Trois espèces y ont en effet été représentées: poulpes, dauphins et argonautes. Les premiers, d'allure fort réaliste, témoignent cependant dans l'opposition arbitraire du corps en vue plongeante et des tentacules de profil d'une tendance conventionnelle à figurer les divers éléments sous leur aspect le plus caractéristique. La tendance à la stylisation s'observe aussi dans les dauphins, dont le mouvement du corps suit étroitement le contour de chaque panneau décoratif de la pièce; dans un même souci décoratif, les dauphins des frises du gobelet 4 de Mycènes épousent l'ondulation qui régit la composition. Sur le plan des détails intérieurs, la double ligne ondulée qui agrémente le corps de ces animaux indique bien leur origine: elle se retrouve sur les dauphins d'une fresque de Cnossos[149] et de jarres du MM III[150].

Quant aux argonautes, rendus avec grande minutie, ils s'opposent aux spécimens connus dans la céramique mycénienne, toujours plus stylisés[151]. On le voit, la tasse aux poulpes de Dendra est à ranger parmi les pièces maîtresses de l'orfèvrerie égéenne. Toutes les qualités dont elle fait preuve, richesse de l'iconographie, perfection du modelé, élégance et sûreté du trait, naturalisme décoratif de la frise figurée, obligent à y voir une des meilleures manifestations du goût crétois et, sur un plan plus particulier, le chef-d'oeuvre du style marin du MR Ib[152], voire une de ses premières applications; elles interdisent de situer la pièce à l'HR III[153]. Un vase de pierre de Mycènes[154] constitue sans doute, par le thème et la structure de son décor, une copie de la tasse aux poulpes, due à la main d'un artiste du continent, moins familier du style crétois.

c) Représentations humaines et scènes à personnages

A l'état de motif décoratif indépendant, le visage humain vu de profil a été incrusté à plusieurs exemplaires dans la paroi de la tasse en argent des tombes à chambre de Mycènes (75) et sur un vase du palais de Pylos (111), dont on a conservé que les incrustations. Ce type de visage barbu, visible également sur une gemme de la tombe gamma du cercle B de Mycènes[155], nous fait connaître la physionomie rude des Mycéniens, toute différente du type physique crétois, presque toujours imberbe[156]. Le profil anguleux attesté par ces documents est bien en rapport avec l'impression qui se dégage des masques funéraires de Mycènes, principalement de celui dit

66

"d'Agamemnon"[157].

Du côté des scènes à personnages, les documents sont à peine plus nombreux.

Le costume, le canon élancé et le type physique des personnages participant à la capture des taureaux sur les gobelets de Vaphio (95, 96) permettent d'y reconnaître des Crétois.

Les deux autres exemples que nous offrent les vases en métal relèvent d'un esprit différent et d'une thématique propre à Mycènes, puisqu'il s'agit de scènes de combat, inconnues en Crète[158].

La première décore un cratère en argent du cercle A (39). La scène montre deux groupes de guerriers se dirigeant l'un vers l'autre et combattant autour d'un guerrier blessé[159]; le dynamisme des figures croît à mesure que l'on se rapproche du point de rencontre des deux groupes, ce qui confère à l'ensemble une tension dramatique peu commune. Pris individuellement, les guerriers, surtout ceux qui se détachent sur le fond de leur bouclier en huit ou en rectangle, rappellent fidèlement, au point de vue de l'attitude et de l'équipement, les chasseurs représentés sur un poignard incrusté de Mycènes[160]. Par ailleurs, il est intéressant de noter qu'en ce qui concerne l'armement, plusieurs fragments du cratère attestent l'utilisation du casque à cimier à l'époque mycénienne.

La seconde scène de combat est celle du rhyton en argent du cercle A (29). A nouveau, il est superflu de s'attarder à cette scène incomplète de siège, si souvent décrite et commentée. Il est toutefois utile de rappeler les diverses interprétations qui ont été proposées:

siège d'une ville asiatique par des Crétois ou des Mycéniens[161], attaque d'une
cité maritime par des pirates[162], épi-
sode de l'histoire coloniale crétoise en
Asie Mineure[163], siège d'une ville é-
gyptienne du delta par les Mycéniens[164]. Récemment, Sp. Marinatos a
même proposé, avec des arguments solides, de situer la scène dans les îles
Baléares[165]. Le problème est toutefois
loin d'avoir trouvé une solution définitive et on ne peut que regretter qu'un
monument aussi exceptionnel nous soit
parvenu dans un état aussi fragmentaire. Un nouvel examen attentif des
fragments conservés, auquel s'est li-
vrée dernièrement Agnès Sakellariou[165a], a certes permis de préciser
quelque peu le sens de la représentation, mais il semble bien qu'avec cette
recherche on ait épuisé les possibilités
d'exploitation du document.

B. Les principes de composition

Du point de vue de la composition, les
vases en métal précieux présentent un
caractère fort homogène. Dans la
grande majorité des cas, le décor est
régi par le principe de la frise.

A l'exception des tasses basses, où la
rangée de motifs décoratifs prend une
forme circulaire déterminée par la
forme de la lèvre horizontale (53, 77,
88, 98), la frise est toujours droite et
en position horizontale. Elle se présente cependant sous plusieurs variantes.
Souvent, deux bordures plus ou moins
élaborées limitent la bande de décor à
sa partie supérieure et à sa partie infé-
fieure (5, 20, 75, 76, 81, 83, 85, 87,
89, 101, 115).

La coupe à pied incrustée du cercle A

de Mycènes (23) doit être considérée à part: deux bordures délimitent une frise à la partie supérieure de la vasque, mais cette frise ne comporte que trois motifs nettement séparés, selon un principe apparenté à la décoration des gobelets éphyréens de l'HR II -qui n'ont cependant que deux motifs.

Parfois, les éléments composant le décor horizontal ne sont enfermés dans aucun cadre (54, 114) et s'étalent librement sur la vasque. Enfin, les motifs peuvent former une frise qui occupe toute la hauteur de la paroi du vase (10, 14, 47).

A côté de la frise simple, on rencontre de nombreux exemples où le décor a été réparti en deux frises superposées; la division du champ résulte alors de l'aménagement d'un ou de plusieurs bourrelets horizontaux saillants. On a déjà indiqué les variantes qui interviennent dans ce procédé de division, propre aux gobelets à une anse, ainsi que les types de motifs qui agrémentent la surface de ces bourrelets[166] et la signification de ces éléments du point de vue de la chronologie[167].

Le bourrelet peut être remplacé par une simple nervure (68) et, au cercle A, on connaît un gobelet à une anse dont la paroi, divisée en deux zones par un bourrelet situé à mi-hauteur, ne porte aucune décoration (13).

La jarre en argent de Mycènes (56) fait exception dans la catégorie des pièces comportant deux frises superposées. Au lieu d'être séparées, la rangée de spirales et celle d'arcades sont étroitement unies par leur position et par la forme circulaire des deux motifs; d'autre part, la frise d'arcades chevauche les cannelures horizontales

de la partie inférieure de la paroi, de
sorte que, de haut en bas, le décor
montre une grande unité, l'oeil décou-
vrant les motifs d'une façon continue,
sans interruptions.

Les antécédents de la division en deux
zones sont fréquents dans la céramique
du style de Camarès. De nombreux gobelets à une anse portent à mi-hauteur
une bande de couleur claire constituant
l'équivalent du bourrelet de division[168].
Le même élément est attesté dans la
céramique de l'Helladique récent[169].

Dans les frises figurées des gobelets
de Vaphio (95, 96), le désir de composition et d'ordonnance de la décoration
se manifeste dans la division des deux
scènes en trois groupes qui correspondent chaque fois aux trois épisodes de la
capture des taureaux[170]. D'autre part,
les gobelets de Vaphio nous amènent à un
autre principe de composition appliqué
sur d'assez nombreux vases: les bordures de rochers et de végétaux qui limitent une frise de motifs animaliers
ou une scène à personnages aussi bien à
sa partie supérieure qu'à sa base (81,
95, 96, 115). Sur la tasse aux poulpes
de Dendra, ces deux bordures ont une
raison d'être, puisqu'elles représentent
les bords d'une zone aquatique peuplée
d'animaux marins et que tout le décor
est présenté comme vu du dessus. C'est
également le cas de la coupe aux oiseaux de Dendra (89), où le fond marin[171] sur lequel se détachent les médaillons, est bordé de chaque côté par
des éléments végétaux en forme de fleur
de lys. Il en va autrement pour les gobelets de Vaphio. La bordure inférieure
constitue la ligne de sol, sur laquelle
les animaux prennent appui, mais quel
sens donner à la répétition de cette

70

zone rocheuse, en position inversée, à la partie supérieure? Elle donne l'impression curieuse d'un paysage vu en plan, ce qui contraste avec la vue de profil de la scène et avec le caractère naturaliste de la représentation. Mais, en fait, il s'agit d'un procédé typiquement crétois, qui rapproche une nouvelle fois les gobelets de Vaphio de l'art de la fresque, en même temps qu'il constitue un indice supplémentaire en faveur de l'origine crétoise de la tasse aux poulpes de Dendra. En effet, la peinture crétoise a produit des frises qui sont limitées à leur partie supérieure par une bordure de rochers et de végétaux[172]. On notera aussi que ce procédé se retrouve sur certains poignards incrustés[173] et sur des chatons de bague du cercle A de Mycènes[174].

La tasse aux poulpes de Dendra (81) présente un développement intéressant du principe des bordures rocheuses: des bordures transversales de rochers et de plantes aquatiques joignent les bordures supérieure et inférieure du décor, de sorte que la frise figurée se trouve divisée en quatre panneaux, enfermant chacun un poulpe. Vue du dessous[175], la tasse montre ainsi une composition de type rayonnant, dont l'équivalent se trouve sur un couvercle de pyxide en bois de provenance égyptienne[176]. Cette pièce circulaire, que l'on ne peut voir que sous un seul angle -contrairement au vase de Dendra-, présente quatre panneaux de forme semblable où l'on distingue des animaux en relief. Malheureusement, la date de ce document a fait l'objet de controverses[177], mais pour Persson la tasse de Dendra lui a servi de modèle[178].

CHAPITRE 3
LES TECHNIQUES

A. Métaux utilisés

Les orfèvres mycéniens ont montré une prédilection pour le travail de l'or, les trouvailles le prouvent à suffisance. Moins éclatant et moins somptueux, l'argent a été par contre plus rarement mis en oeuvre. La vaisselle métallique ne fait pas exception à ce point de vue. Mais il faut se garder d'accorder trop d'importance à cette constatation; en effet, si l'or est inaltérable, l'argent est, par nature, sujet à des dégradations et des altérations qui peuvent aller jusqu'à détruire et faire disparaître un objet entier[1], de sorte qu'un bon nombre de vases en argent nous échappent probablement.

En ce qui concerne la provenance, la constitution exacte des métaux utilisés et les procédés de métallurgie, nous possédons très peu de renseignements et de certitudes[2]. Etant donné le manque d'analyses chimiques précises, on en est réduit à des conjectures. Ainsi, le faible pourcentage de métaux accessoires dans l'or de Troie II[3] pourrait indiquer que dès le Bronze ancien les orfèvres anatoliens pratiquaient l'affinage de l'or, mais rien n'est moins sûr. En ce qui concerne l'argent, il faut noter que les rares analyses effectuées montrent que ce métal était obtenu par le procédé de coupellation, au départ de minerai de plomb argentifère: un vase du cercle A de Mycènes, un lingot de

oie et une patère romaine du British
useum ont révélé des proportions ex-
rêmement proches[4]. On ne peut manquer de signaler à ce propos que le site
de Thorikos, voisin des gisements de
plomb argentifère du Laurion, fut occu-
pé à l'époque mycénienne et même du-
rant les périodes précédentes. Bien
plus, l'exploitation du plomb argentifère
du Laurion et sa métallurgie par le procédé de coupellation sont prouvées par
la découverte dans un sol HR I de Thorikos de morceaux de litharge (résidu
de la coupellation ou séparation de l'argent du plomb)[5].

A côté de l'or et de l'argent, deux
autres matières ont été utilisées pour
la fabrication de la vaisselle métallique:
l'electrum, alliage naturel ou artificiel
d'or et d'argent[6], de teinte pâle, ainsi
qu'un alliage d'argent et de plomb (proportion 2:1). Ce dernier, utilisé pour la
fabrication du rhyton en forme de cerf
de Mycènes (28), provient sans doute
d'un minerai de plomb argentifère ayant
subi l'opération de coupellation de façon
incomplète.

B. Techniques de fabrication

A l'exception du rhyton en forme de cerf
de Mycènes (28), fabriqué par moulage,
tous les vases en métal précieux de l'é-
poque mycénienne ont été réalisés selon
la technique du martelage.

Bien que l'on n'en ait aucun témoignage direct, il est aisé de reconstituer
le travail des orfèvres mycéniens. En
partant d'une tôle de métal assez épaisse
qu'il commençait par amincir et élargir
en la martelant sur une enclume, l'artisan réalisait le vase à partir de la
base; la paroi s'élevait progressive-

ment sous les coups de marteau répétés, la pointe de l'enclume soutenant le
métal de l'intérieur; les éléments accessoires de la forme, comme la base
saillante et les bourrelets horizontaux
de division, étaient réalisés de même,
au fur et à mesure que le vase prenait
de la hauteur[7]. Mais le travail était souvent interrompu: en effet, le martelage
transforme la structure du métal de
sorte qu'il devient dur et cassant et
qu'il faut régulièrement le remettre au
feu (opération du recuit) pour qu'il retrouve la souplesse nécessaire à sa mise en forme[8].

Lorsque l'anse était fabriquée à partir de la même feuille de métal que le
vase[9], la dernière phase du travail con-
sistait à l'étirer et à lui donner le profil souhaité, toujours par martelage.

Deux tasses basses de Dendra (81,
87) offrent un témoignage important en
ce qui concerne la fabrication de la base
saillante et peut-être du vase entier. La
base de ces deux pièces est pourvue en
son centre d'une cupule; dans le cas de
la tasse aux feuilles de lierre (87), cet
élément a les dimensions et l'aspect
d'un véritable ombilic, qui, selon A. W.
Persson, venait se loger dans une cupule correspondante, creusée au centre
d'un disque de bois sur lequel le fond du
vase était martelé. L'emboîtement des
deux éléments assurait l'immobilité de
la feuille de métal pendant tout le travail de martelage, condition indispensa-
ble pour obtenir une forme circulaire
parfaite[10].

Après le travail de mise en forme, un
martelage plus délicat donnait à la surface du vase son aspect définitif.

D'autre part, quelques vases compor-
tent une double paroi. Les deux feuilles

...nt alors généralement fabriquées dans
...e même métal (8, 20, 58, 95, 96);
...mais à Dendra, deux pièces sont constituées d'une paroi extérieure en argent
et d'une tôle intérieure en or (80, 83).

Le procédé de fixation, par contre,
ne varie pas: la partie supérieure de la
feuille intérieure se replie sur le bord
de la paroi extérieure, tandis que les
deux feuilles adhèrent l'une à l'autre
par collage ou par soudure. Sur les vases décorés de motifs repoussés, la
feuille intérieure a pour but de masquer
les concavités du décor et d'obtenir ainsi une vasque parfaitement lisse. De
plus, sur une pièce comme la tasse incrustée de Dendra (83), l'emploi de
deux métaux différents, joint aux incrustations d'or et de nielle, confère à
l'ensemble une note de polychromie supplémentaire.

Il faut encore donner quelques préci-
sions sur la fabrication en plusieurs
parties. La lèvre horizontale rapportée
de certains vases est fixée à la vasque
ou au col au moyen de rivets (6, 30, 39,
88); dans d'autres cas, la paroi a été
faite en deux parties collées (7) ou soudées l'une à l'autre, tandis que certaines coupes à pied sont constituées de
deux parties, vasque et pied[11], réunies
entre elles au moyen d'une soudure (23,
115) ou de rivets dont les têtes restent
visibles (70, 71, 72, 73) ou ont été au
contraire dissimulées par polissage
(21). La jarre en argent du cercle A de
Mycènes (56) constitue une pièce à part:
les deux parties qui forment sa paroi
ont été réunies par une bande de métal
rivée.

L'utilisation de rivets se retrouve
dans la fixation des éléments accessoires tels les anses, les feuilles de métal

plaquées et les motifs appliqués don
sera question à propos des techniqu
du décor[12]. Les anses sont fabriquées
part, par martelage, et les trois éléments qui composent l'anse de type Vaphio sont réunis entre eux au moyen de
soudures[13] ou de clous (93)[14].

Pour sa part. G. Karo fait remarquer
qu'à une seule exception près, la soudure n'apparaît pas dans l'artisanat mino-
en[15]. Du reste, l'anse de type Vaphio
du gobelet en bronze de Mochlos[16] est
faite en une seule partie.

Pour terminer, on passera en revue
les différentes techniques de renforcement: elles concernent le bord et la
base du vase ainsi que les longs côtés
de l'anse en ruban.

Le renforcement du bord des vases se
pratique de trois manières: soit par
simple épaississement de la lèvre (87,
89), soit par repliement du bord autour
d'un fil de bronze (56, 66), soit enfin
par l'intermédiaire d'une bande de métal pliée en deux dans le sens de la longueur et chevauchant le bord (5, 29, 67,
85)[17].

Pour les longs côtés des anses, les
orfèvres n'ont utilisé que les deux premiers procédés: l'épaississement (85,
87) et le repliement des bords (11, 12,
68, 99, 100, 115, 118), souvent autour
d'un fil de bronze (4, 9, 10, 13, 14, 29,
44, 65) ou d'argent (24).

Enfin, le renforcement de la base,
qui se rencontre presque exclusivement
sur les coupes à pied, ne connaît qu'un
procédé: il consiste à insérer dans la
base un disque de bronze (9, 23, 92,
116) ou de cuivre (20).

En ce qui concerne le renforcement
par repliement autour d'un fil de bronze, on possède un parallèle intéressant

...s un bassin en bronze trouvé dans
. hypogée de Byblos datant de la XII e
ynastie égyptienne[18] .

c. Techniques de décoration

Les deux techniques de décoration les
plus largement attestées dans la vaisselle mycénienne en métal précieux sont
celles du repoussé et de la ciselure.
Toutes deux consistent à faire apparaî-
tre en relief un motif ou un élément de
décoration, mais le repoussé fait saillir le motif vers l'extérieur par un
martelage qui s'applique au revers de la
feuille de métal, tandis que la ciselure
consiste à enfoncer les éléments vers
l'intérieur.

Les deux techniques diffèrent encore
par leur champ d'application. Le repoussé est réservé principalement à des
motifs complets, à des formes entières
(par exemple les taureaux et les figures
humaines des gobelets de Vaphio), pour
lesquels l'artisan se sert de marteaux
et de martelets de différentes dimensions, selon l'ampleur du motif. Au
contraire, la ciselure est généralement
utilisée pour indiquer les détails d'un é-
lément repoussé (par exemple les
stries ornant les bourrelets de division,
les traits du visage et les détails de la
musculature), donc pour rendre les éléments linéaires exécutés au moyen d'un
poinçon. Repoussé et ciselure sont donc
souvent associés dans le décor des pièces d'orfèvrerie; le gobelet aux dauphins de Mycènes (4) constitue cependant un cas particulier: le corps des
dauphins est seulement rendu par une
ligne de contour repoussée et les détails
intérieurs sont ciselés.

Il faut se garder de confondre la cise-

lure et la gravure. Cette dernière, q[...]
est au métal ce que l'incision est à l[...]
céramique, donne également des motifs
linéaires, mais au lieu de les faire
saillir, elle entame la feuille de métal,
le burin qui produit la ligne gravée
poussant devant lui un copeau qui s'en-
roule au fur et à mesure de l'avance-
ment de l'outil. Comme on l'a remar-
qué, la gravure n'apparaît que tardivement, car elle exige un outil en fer; un
outil en bronze est en effet impropre à
ce travail car il est insuffisamment ré-
sistant et sa pointe s'émousse ou se
brise trop rapidement[19]. Néanmoins,
les détails des motifs incrustés de la
coupe à pied en electrum de Mycènes
(23) semblent avoir été obtenus par la
technique de la gravure.

Les techniques du repoussé et de la
ciselure ont été largement pratiquées
par les orfèvres égéens. Elles sont originaires de l'Orient -comme du reste le
travail du métal en général- et les trésors exhumés en Mésopotamie, principalement à Ur[20], remontant à la première moitié du IIIe millénaire, constituent leur plus ancienne application.
Elles furent transmises à l'Egée par
l'intermédiaire de l'Anatolie. En effet,
l'orfèvrerie pré-hittite d'Alaca Hüyük,
spécialement la vaisselle en métal précieux, nous fournit de nombreux exemples de motifs repoussés ou ciselés[21].
Il en est de même des vases des tombes
de Dorak en Troade[22]. Plus près de la
Grèce continentale, il faut aussi mentionner les pièces cycladiques et crétoises[23].

Un procédé proche de la ciselure, i-
dentique dans son principe, est celui de
l'estampage. On le trouve dans la vaisselle mycénienne sur une seule pièce,

e rhyton en or en forme de tête de lion
26); le mufle de l'animal est orné de
cercles ciselés dont la régularité et le
format égal laissent penser qu'ils ont
été obtenus par l'application sur le métal d'un cachet portant un cercle en relief.

Les techniques dont il vient d'être
question s'appliquent directement sur la
paroi du vase et en modifient le profil.
Celles que l'on va examiner maintenant
consistent au contraire à ajouter de la
matière, sous forme d'applications, de
placages ou d'incrustations.

Les éléments décoratifs appliqués
sont fixés à la paroi du vase au moyen
d'un ciment[24] (27) ou au moyen de rivets
(8, 27, 29). Ces motifs décoratifs sont
soit des rosettes (8, 27), soit des boucliers en huit (29), exécutés au repoussé. Les rosettes, particulièrement
semblables sur chacune des deux pièces
citées, ont peut-être été fabriquées en
série au moyen d'un moule en pierre où
la forme à obtenir avait été creusée.
R.A. Higgins fait la même remarque à
propos de pendentifs en or du Trésor
d'Egine et il mentionne des matrices en
stéatite utilisées pour ce travail de repoussé au moule[25].

Dans le cas du rhyton en argent en
forme de tête de taureau (27), les éléments appliqués, cornes et oreilles,
sont des parties constituantes de la forme. Une fabrication semblable en plusieurs parties, avec cornes et oreilles
rapportées, se retrouve dans de nombreuses têtes de taureau décorant le devant des harpes des tombes royales
d'Ur[26], têtes particulièrement proches
du rhyton du cercle A, tant du point de
vue de la forme et du motif que de la
technique. Les incrustations de lapis

lazuli dont ces pièces sont pourvue
augmentent encore leur parenté avec le
rhyton de Mycènes.

Les feuilles de métal plaquées sont
plus nombreuses. On les rencontre à la
lèvre horizontale de certaines tasses
basses: couronne en or recouvrant une
lèvre de bronze (77) ou d'argent (53,
88)[27]. Dans ces exemples, l'artisan a
également plaqué une feuille d'or sur
l'anse.

D'autres parties de vase peuvent aussi recevoir un placage: c'est le cas du
cratère en argent de Mycènes (39) pourvu d'anses en bronze plaquées d'argent
et d'un pied plaqué d'or, de l'anse en
argent plaquée d'or de la coupe à pied
du British Museum (116), des oreilles
en bronze du rhyton en forme de tête de
taureau (27), recouvertes d'une feuille
d'or, et de certaines têtes de rivet (23,
29). Contrairement aux couronnes et
aux placages d'anses, ces derniers éléments ne portent pas de décor. Cependant, par la bichromie qu'ils apportent,
ils contribuent à la décoration des vases.

Pour la fixation de ces placages, deux
pièces seulement font appel à des rivets
(53, 88). Pour les autres, on ne possède aucune indication. Sans doute les
orfèvres utilisaient-ils une substance
collante quelconque. Pour sa part, Karo
fait allusion à l'insertion d'une tôle de
bronze intermédiaire[28], mais cela ne
résout pas le problème.

Les orfèvres mycéniens ont également montré une prédilection pour la
technique de l'incrustation. Elle consiste à creuser des cavités dans la paroi du vase et à y insérer des motifs
décoratifs, souvent figurés, obtenus par
découpage dans une feuille de métal.

Généralement, les incrustations ne se font pas directement dans la paroi, mais dans une couche de nielle que l'artisan a déposée au préalable dans les cavités (23, 69, 75, 83, 112). C'est la conclusion qui ressort de l'étude technique approfondie dont a fait l'objet la tasse incrustée mise au jour à Enkomi[29]. Cette technique très élaborée de l'incrustation métallique ou <u>damasquinure</u>, dans laquelle les artisans mycéniens ont montré une réelle maîtrise, produit des pièces d'une riche polychromie. Nous en avons d'autres témoignages avec les nombreux poignards niellés et incrustés provenant du cercle A de Mycènes[30], ainsi que de tombes du Péloponnèse (Vaphio, Routsi,...)[31], de même qu'avec les représentations peintes des tombes égyptiennes du Nouvel Empire[32]. Les problèmes posés par l'incrustation sont nombreux: terminologie, nature des différents matériaux, processus de fabrication, origine orientale de la technique -l'art crétois n'a livré à ce jour aucun spécimen d'objet en métal incrusté. Nous avons eu l'occasion d'en traiter par ailleurs[33], si bien qu'il est inutile d'y revenir ici.

L'incrustation est parmi les nombreuses techniques de l'orfèvrerie mycénienne celle que nous connaissons le moins mal. Il semble que ce procédé, le plus caractéristique du travail du métal à l'époque qui nous occupe, soit également celui dont le souvenir s'est conservé avec le plus de précision dans les poèmes homériques: la description du bouclier d'Achille dans l'Iliade en apporte le témoignage[34]. Cette connaissance relative ne doit cependant pas nous faire oublier que le vaste domaine des techniques n'a pas encore fait l'objet d'études systématiques; les analyses chimiques précises, point de départ de ces recherches, sont loin d'avoir été pratiquées en nombre suffisant.

CHAPITRE 4
UTILISATION ET SIGNIFICATION DES PIECES

Nous venons d'étudier la vaisselle mycénienne en métal précieux sous trois de
ses aspects essentiels: formes, décors,
techniques. Le moment est venu d'essa-
yer de répondre à certaines questions
d'ordre plus général qui ne manquent
pas de se poser. Elles concernent l'u-
tilisation et la destination des vases,
ainsi que leur signification.

Dans la publication du cercle A des
tombes à fosse de Mycènes, G. Karo a
proposé une évolution de la vaisselle en
métal précieux[1]. L'évolution qu'il présente se fonde sur la constatation de
différences de perfection technique. En
effet, certains vases témoignent d'une
facture parfaite et très achevée, tandis
que d'autres montrent dans leur fabrication une négligence ou un manque
d'habilité évidents. En outre, ces mêmes constatations ont amené Karo a é-
tablir une classification des pièces selon leur origine[2]. Les premiers vases
seraient des importations directes de
Crète, comme le prouve la maîtrise
technique qui les caractérise. Ils auraient inspiré les orfèvres mycéniens
dans la fabrication de vases dont la qua-
lité inférieure révèle le manque de con-
naissances de leurs auteurs dans le domaine de la toreutique. Dans un troisième stade, les artisans du continent
grec, parvenus à une pleine possession
de leur art, auraient produit les plus
belles pièces, véritables chefs-d'oeuvre
tant sur le plan artistique que techni-

que. Or, les pièces que Karo rang
dans cette troisième catégorie (20, 23,
29) sont précisément celles qui présentent un mélange d'éléments crétois et
helladiques; cela est compréhensible:
cette libération relative par rapport à la
tutelle crétoise n'a pas pu avoir lieu a-
vant cette époque de maturité technique.

D'autre part, Karo indique à plusieurs reprises que les vases de facture
sommaire étaient fabriqués exclusivement pour enrichir le mobilier des
tombes[3], tandis que les pièces de technique élaborée avaient été en usage du
vivant de leur propriétaire, avant d'être
déposées dans sa tombe. Dès lors, le
caractère sommaire ne s'expliquerait
plus par le manque d'habileté des orfèvres mais par la hâte qu'imposait l'in-
humation et il n'impliquerait pas nécessairement une différence chronologique.

Dans un même ordre d'idées, il nous
semble intéressant de tenir compte du
témoignage des trois canthares en or de
Kalamata. Ils présentent en effet des a-
nalogies avec les pièces de Mycènes:
l'une de ces pièces (102) est de fabrication solide, tandis que les deux autres
(103, 104) ont une paroi extrêmement
fine et fragile, qui rend leur utilisation
improbable. On peut certes reprendre à
leur propos les théories de Karo. Cependant, la première pièce, malgré sa
facture excellente, peut difficilement
être considérée comme une importation
crétoise: le canthare est en effet une
forme typique de la vaisselle continentale[4] et le décor de spirales divergentes
qui en termine les anses est étranger à
l'art minoen[5]. En outre, le premier
canthare de la série de Kalamata de-
vrait se placer dans le troisième groupe
de Karo, puisqu'il marque une libéra-

84

tion totale par rapport à l'art crétois, voire dans un quatrième groupe, car il s'agit plutôt ici d'indépendance vis-à-vis de la Crète; les deux autres vases devraient alors être considérés soit comme des essais préalables à la production du premier, soit comme des répliques maladroites, mais de toute manière, les trois pièces présentent tant de similitudes dans leurs formes et leurs proportions qu'il faut y voir des objets contemporains, provenant d'un même atelier continental[6].

On attribuerait volontiers aux deux canthares en tôle fine un but exclusivement funéraire, mais cette idée n'est pas confirmée par les conditions de trouvaille, du reste fort obscures[7]. Il est probable que les pièces constituent le produit du pillage d'un site voisin et que le butin a été enfoui à Sotirianika, où les fouilleurs ne l'ont trouvé associé à aucun contexte funéraire[8]; le lieu de trouvaille original est probablement une tombe, mais nous n'en avons pas la certitude.

La différence d'épaisseur de paroi a amené E. P. Blegen à proposer une autre explication: les pièces à paroi fine étaient destinées à servir de revêtement intérieur à des canthares fabriqués en un autre métal[9]. Mais dans ce cas, pourquoi ces doublures auraient-elles conservé les rivets de fixation des anses?

Quoi qu'il en soit, il semble certain qu'une grande partie des vases en métal précieux ont été effectivement utilisés comme vases à boire et à contenir ou comme vases de toilette. La fresque au pliant de Cnossos nous montre un personnage assis, levant une coupe à pied en métal dans un geste familier em-

prunté à la vie quotidienne[10]. D'autr
part, la structure de l'anse de type Vaphio est tout à fait fonctionnelle; la la-
melle supérieure reçoit le pouce posé à
plat, celle du bas, supportée par le mé-
dius en position transversale, a un profil courbe destiné à caler le doigt et
l'index replié enserre parfaitement la
partie cylindrique intermédiaire. Les
diverses formes de renforcement[11] ont,
elles aussi, un but fonctionnel: un disque de bronze a été dissimulé dans la
base de certaines coupes à pied pour en
augmenter la stabilité, les longs côtés
des anses en ruban ont été renforcés
pour supporter plus facilement un usage
répété et une bande de métal pliée en
deux chevauche le bord de certains gobelets afin de le rendre moins tranchant
pour la lèvre. De plus, à la différence
de toutes les autres pièces, les fragments de vases métalliques trouvés à
Pylos (111, 112, 113) ne proviennent
pas d'une tombe, mais d'un édifice de
caractère civil; ils constituent un indice
supplémentaire en faveur de l'utilisation
effective de la vaisselle métallique.

L'usage domestique des vases n'est
nullement incompatible avec leur association au mobilier funéraire, l'équipement retrouvé dans les tombes permet
au défunt de poursuivre dans l'au-delà
toutes les activités qui étaient siennes
avant la mort. Le caractère somptueux
de nombreuses pièces (gobelets de Vaphio, tasse aux poulpes de Dendra,...)
ne les condamne pas à jouer un rôle pu-
rement ornemental comme c'est le cas
de nos coupes modernes en métal précieux. Le luxe dont elles témoignent e-
xalte au contraire la puissance et la richesse des princes mycéniens.

Dans l'introduction à son étude de la

aisselle en métal précieux aux époques grecque et romaine, Strong présente quelques considérations à propos de la destination des vases[12]. Il distingue une évolution en trois temps: usage funéraire à l'Age du Bronze et à l'époque géométrique, utilisation à des fins rituelles propre à la période qui va du VIIe au Ve siècle, enfin usage essentiellement domestique aux époques hellénistique et romaine. Ce schéma nous semble trop sommaire, puisqu'on a vu qu'un grand nombre de vases mycéniens avaient été effectivement utilisés à des fins domestiques. D'autre part, l'usage rituel de la vaisselle en métal précieux est attesté par une tablette linéaire B du palais de Pylos. Cette tablette[13] donne une énumération de vases en or apportés en offrande à plusieurs divinités. Malheureusement, les fouilles n'ont pas encore révélé la présence de vases métalliques dans les sanctuaires reconnus dans quelques établissements mycéniens. En outre, le témoignage des tablettes linéaire B nous reporte à une époque postérieure à celle des tombes à fosse, donc à la majorité de nos pièces.

On a pu se rendre compte de la complexité du problème de l'utilisation. Il ne saurait être question d'opter pour telle ou telle solution à l'exclusion des autres. L'usage a dû varier selon les cas. La destination la mieux attestée est de nature funéraire; elle n'est toutefois pas incompatible avec une utilisation domestique ou rituelle.

CONCLUSION

De tout l'Age du Bronze égéen, c'est l'époque mycénienne qui nous a livré la vaisselle métallique la plus riche et la plus complète. Dans ce domaine comme dans bien d'autres, le cercle A des tombes à fosse de Mycènes constitue l'ensemble le plus important, non seulement du point de vue du nombre des pièces mises au jour (à elle seule, la tombe IV contenait dix-neuf vases complets), mais surtout en ce qui concerne la variété des types. Cette richesse et cette variété sont telles que la typologie des formes adoptée se fonde presque exclusivement sur les trouvailles du cercle A; à une exception près (cratère en argent de Dendra), les autres sites n'ont en effet livré que des vases à boire.

Toute cette production se situe au début de l'époque mycénienne, dans une période relativement courte qui va de la transition entre le Bronze moyen et le Bronze récent jusqu'à la fin de l'HR II. Certes, les tablettes linéaire B attestent l'utilisation de vases en or à une époque plus récente[1]; cependant, rares sont les pièces conservées que l'on peut attribuer avec quelque certitude à l'HR III (114, 116); la tasse incrustée de Dendra est à situer quant à elle dans la période de transition entre l'HR II et l'HR III[2].

En ce qui concerne l'origine, on a pu constater la prépondérance de l'influence crétoise, qui se manifeste d'abord ans les formes. A l'exception de la coupe à pied et du canthare, **qui s'inscrivent** dans une tradition continentale, les **autres** types de vases sont originaires de Crète; c'est le cas surtout des rhytons, des gobelets à une anse et des tasses basses.

La dépendance vis-à-vis de l'art minoen est encore plus évidente dans le domaine du décor et du style, principalement en ce qui concerne les spirales et les motifs naturalistes.

L'art mycénien trouve sa source première d'inspiration en Crète. Il est probable que dans la première phase de cet art des artistes crétois ont signé les plus belles oeuvres; certaines d'entre elles, qui font notre admiration, auraient été, selon A. W. Persson, prises comme butin lors d'expéditions achéennes en Crète et ramenées sur le continent par les princes de Mycènes ou de Midea-Dendra[3].

Pour les techniques, le problème se présente de façon différente. L'art des orfèvres crétois apparaît en effet moins élaboré à certains points de vue et la plupart des techniques mises en oeuvre dans la vaisselle mycénienne en métal précieux sont d'origine orientale; parmi elles, il faut citer en premier lieu le placage et l'incrustation. L'apport de l'Orient se révèle ainsi limité à un domaine bien précis. On se gardera toutefois d'oublier le rôle important qu'ont joué, par l'intermédiaire de l'art minoen, l'Orient et surtout l'Egypte dans l'évolution de l'iconographie **figurée** égéenne.

Malgré ces influences diverses, il ne faut pas négliger pour autant le rôle créateur de l'Hellade. Au départ des modèles que leur proposait l'art mino-

en, les artisans mycéniens portèren
l'art du métal à un haut niveau de perfection esthétique et technique; poursuivant des traditions continentales et
empruntant à l'Orient des techniques
inconnues des Crétois, ils produisirent
des pièces d'orfèvrerie qui comptent
parmi les chefs-d'oeuvre de l'art grec.

CATALOGUE

Les pièces ont été rangées d'après leur lieu de provenance. L'ordre de succession des sites de trouvaille a été établi en fonction du nombre de pièces trouvées dans chaque site: Mycènes occupe donc la première place, à cause de la richesse des tombes à fosse du cercle A. La dernière rubrique regroupe des vases ou des fragments de provenance inconnue, achetés sur le marché des antiquités, et classés d'après les endroits de conservation.

Pour chaque site et chaque tombe, l'ordre de présentation des pièces suit les subdivisions du chapitre consacré aux formes (les gobelets à une anse viennent donc toujours en premier lieu), les fragments étant mentionnés les derniers.

Les abréviations suivantes ont été utilisées: H (hauteur), L (longueur), l (largeur), D (diamètre), E (épaisseur) et P (poids). Les indications de dimensions s'entendent toujours en centimètres, celles de poids en grammes. Pour les pièces en argent, on ne possède que très rarement des indications de poids; elles n'ont du reste qu'une valeur relative, puisqu'elles sont faussées par le mauvais état de conservation des pièces ou leur degré d'oxydation plus ou moins important.

I. MYCENES[1]

A. Cercle A des tombes à fosse
1. Tombe I
   1. Tasse basse en argent (213): H. 6
(8, 5 avec l'anse); D. embouchure 14;
D. base 5, 5. Vase et anse faits d'une
seule feuille de métal (E. 0, 2); bord
droit; base peu marquée. Karo,
Schachtgräber, n⁰ 213[2].
   2. Fragment de tasse basse en argent
(212): D. 11. Lèvre horizontale et fragment de paroi; vestige de l'attache supérieure de l'anse (un rivet); lèvre recouverte d'une couronne de bronze et
d'une couronne d'or, cette dernière à
décor repoussé (cannelures concentriques entourées d'une rangée de languettes transversales); couronnes fixées à la lèvre au moyen de rivets en
argent. Karo, Schachtgräber, n⁰ 212.
2. Tombe II
   3. Gobelet en or à une anse (220):
H. 6, 5 (8, 2 avec l'anse); D. 7, 5; P.
26, 55. Paroi divisée en 2 zones horizontales par 2 bourrelets saillants situés à mi-hauteur et ornés de stries obliques; zone inférieure sans décor;
zone supérieure ornée de motifs ogivaux
supportés par des montants verticaux
striés transversalement; anse en ruban
à profil en point d'interrogation renforcée sur les longs côtés (fil de bronze);
fixation au moyen de 3 rivets (2, 1)[3] en
or à tête plate. Karo, Schachtgräber,
n⁰ 220.
3. Tombe III
   4. Gobelet en or à une anse (73):(figs.
1-2): H. avec l'anse 8, 1; P. 65, 5. P. 10. D 1
Feuille d'or d'épaisseur moyenne
(0, 05); paroi divisée en 2 zones horizontales par un triple bourrelet saillant
situé à mi-hauteur; chaque zone déco-

rée d'une frise de dauphins sautant,
ceux du haut (6) nageant vers la droite,
ceux du bas (5) vers la gauche; anse en
ruban à profil en point d'interrogation
aux longs côtés renforcés (bord replié
autour d'un fil de bronze) et décorée
d'une rangée longitudinale médiane de
points repoussés; fixation au moyen de
3 rivets (2, 1) en or à tête plate. Karo,
Schachtgräber, n⁰ 73.

5. Cruche à bec en or (74): (fig. 3):
H. 9, 7; P. 47, 85. Base saillante à
traits obliques ciselés; panse décorée de
3 rangées horizontales de spirales entre
2 groupes de lignes ciselées; bec oblique renforcé par une bande d'or; anse
en ruban étroite à profil en point d'interrogation, fixée au moyen de 3 rivets
(2, 1) en or. Karo, Schachtgräber, n⁰
74; Bossert, fig. 149.

6. Petit vase en or à couvercle (83):
H. 4, 8; D. embouchure 2, 9; P. 44, 95.
Panse ovoïde sans décor; 2 anses fili-
formes horizontales, fixées au moyen
de 2 rivets en or; lèvre horizontale fixée au bord par 4 rivets; le couvercle
plat porte une anse filiforme verticale
(2 rivets), il coulisse de bas en haut
guidé par un fil recourbé en arc qui le
traverse ainsi que la lèvre. Karo,
Schachtgräber, n⁰ 83.

7. Petit vase en or à couvercle (84):
(fig. 4): H. 4, 2 (5, 4 avec le couvercle);
D. embouchure 2, 5; D. base 1; P.
12, 4. Vase ovoïde à paroi en 2 parties;
base soulignée par 3 lignes horizontales
ciselées; panse décorée de 4 fleurs repoussées et de l'imitation en relief de 2
anses horizontales et 2 anses verticales; col à stries verticales et bourrelets horizontaux saillants; couvercle
circulaire bombé, décoré d'une rosace
repoussée et portant en son centre une

anse arquée fixée par 2 rivets; même dispositif de fil arqué que sur 6. Karo, Schachtgräber, n° 84.

8. Fragments de vase en argent (122): (fig. 5): Fragment principal: H. 8, 6; l. 11. Paroi faite de 2 feuilles d'argent assez minces; frise de rosettes appliquées (rivets), plaquées d'or entourée de lignes horizontales repoussées; extrémité supérieure (fixée par 3 rivets) d'une anse en ruban verticale; quelques autres fragments et rosettes. Karo, Schachtgräber, n° 122.

9. Fragments d'un gobelet et d'une coupe à pied en argent (151): -Gobelet: large bourrelet horizontal saillant à mi-hauteur; de part et d'autre, une frise de spirales repoussées; anse en ruban à bords renforcés, fixée à la partie supérieure par 2 rivets à tête plate. -Coupe à pied: pied renforcé par un disque de bronze et fragment de paroi; attache supérieure de l'anse en ruban (2 rivets). Karo, Schachtgräber, n° 151.

4. Tombe IV

10. Gobelet en or à une anse (313): (fig. 6): H. avec l'anse 10, 5; D. embouchure 14, 5; D. base 8, 5; P. 169, 5. Paroi décorée de 7 motifs de tige feuillue verticale séparés par des tiges terminées en bouton; sous l'attache de l'anse, 3 feuilles superposées; bord souligné par une ligne horizontale repoussée; anse en ruban à profil en point d'interrogation, renforcée (fil de bronze) et ornée d'une ligne médiane en saillie; trois rivets (2, 1) en or à tête circulaire légèrement bombée. Karo, Schachtgräber, n° 313; Bossert, fig. 152; Marinatos-Hirmer, pl. 194, en bas.

11. Gobelet en or à une anse (392): H. avec l'anse 7, 2; D. embouchure 9, 5;

D. base 6,2; P. 60. Paroi ornée de 9
cannelures horizontales à arêtes vives;
anse en ruban à profil en point d'interrogation (largeur décroissante du haut
vers le bas: 2,2 - 0,8), aux bords repliés, fixée au moyen de 3 rivets (2,1)
en or à tête circulaire légèrement bombée. Forme paire avec 12. Karo,
Schachtgräber, n⁰ 392; Marinatos-Hirmer, pl.193, en haut; Lord W. Taylour,
The Mycenaeans, New York et Washington, (1964), pl. 57.

12. Gobelet en or à une anse (393):
(fig. 7): H. avec l'anse 7,2; D. embouchure 9,5; D. base 6,2; P. 66,5.
Forme paire avec 11. Karo, Schachtgräber, n⁰ 393.

13. Gobelet en or à une anse (441):
(fig. 8): H. avec l'anse 9; D. 11,5;
P. 101,25. Paroi sans décor divisée en
2 zones horizontales par un bourrelet
saillant assez large; anse en ruban à
profil en point d'interrogation, aux
longs côtés renforcés (fil de bronze) et
ornée d'une ligne longitudinale médiane
en relief; fixation au moyen de 4 rivets
(3,1) en or à tête circulaire plate.
Karo, Schachtgräber, n⁰ 441; Marinatos-Hirmer, pl. 190, en haut.

14. Gobelet en or à une anse (442):
(fig. 9): H. avec l'anse 7,1; D. 10,5;
P. 96,2. Paroi décorée de cannelures
verticales larges, terminées à leurs
extrémités par des arcs de cercle; anse
en ruban à profil en point d'interrogation, aux longs côtés renforcés (fil de
bronze), fixée au moyen de 3 rivets
(2,1) en or à tête circulaire légèrement
bombée. Karo, Schachtgräber, n⁰ 442;
Bossert, fig. 151; Marinatos-Hirmer,
pl. 191, en bas.

15. Gobelet en argent à une anse
(517): Dimensions et forme semblables

95

à 16, mais état de conservation plus fragmentaire. Karo, Schachtgräber, n° 517.

16. Gobelet en argent à une anse (518): H. 8; D. embouchure 11, 5: D. base 8, 5. Paroi sans décor; anse en ruban à profil en point d'interrogation fixée au moyen de 3 rivets (2, 1) à tête plate; l'attache supérieure est située à quelque distance du bord et est surmontée de 3 autres rivets. Karo, Schachtgräber, n° 518.

17. Tasse basse en argent (480): H. 5, 5; D. base 4, 3. Forme semblable à 19; un tiers du vase et l'anse manquent. Karo, Schachtgräber, n° 480.

18. Tasse basse en argent (509): H. avec l'anse 7; D. embouchure 10; D. base 4, 5. Base saillante et embouchure légèrement évasée; anse en ruban à profil en point d'interrogation, à nervure longitudinale médiane, fixée à la paroi au moyen de 3 rivets (2, 1) en bronze. Karo, Schachtgräber, n° 509.

19. Tasse basse en argent (519): H. avec l'anse 4, 7; D. embouchure 11; D. base 4, 5. Vase et anse faits d'une seule feuille d'argent; base saillante et embouchure droite; anse en ruban à profil en point d'interrogation. Karo, Schachtgräber, n° 519.

20. Coupe à pied en or (351): (fig. 10): H. 15 (17 avec l'anse); D. 16, 8; P. 1004. Pied et vasque (en une pièce) bien distincts dans la vue de profil; base renforcée par un disque de cuivre et ornée d'une rangée de bossettes entre deux lignes en relief; intérieur de la vasque tapissé d'une fine feuille d'or fixée sous la lèvre; sous une série de cannelures horizontales, une frise de 15 rosaces repoussées à double couronne de pétales pointus; anse en ruban à pro-

il en point d'interrogation, aux bords
ornés d'une rangée de fines bossettes et
à lignes longitudinales médianes ciselées; fixation au moyen de 4 rivets
(3, 1) en or à tête légèrement bombée.
Karo, Schachtgräber, nᵒ 351; Bossert,
fig. 156; Marinatos-Hirmer, pl. 187.

21. Coupe à pied en or (427): (fig. 11):
H. avec l'anse 15, 8: D. embouchure
12; D. base 5; P. 449, 5. Vase à paroi épaisse, en deux parties; pied
creux; vasque sans décor; les deux
parties fixées au moyen de 14 rivets en
or (dissimulés à l'extérieur par polissage) et d'une soudure; anse en ruban à
profil en point d'interrogation fixée au
moyen de 4 rivets (3, 1) en or à tête
hémisphérique. Karo, Schachtgräber,
nᵒ 427; Marinatos-Hirmer, pl. 190, en
bas; Higgins, fig. 175.

22. Coupe à pied en or, dite "coupe
de Nestor" (412): (fig. 12): H. vasque
6, 5-7; H. pied 7; D. maximum 14, 5;
D. base 6, 2; P. 295, 8. Vase fait de
deux parties, pied et vasque; 2 anses
de type Vaphio fixées au moyen de 3 rivets (2, 1) en or à tête légèrement bombée; élément supérieur de chacune des
anses orné d'une petite figure d'oiseau
en or, en ronde-bosse; lamelles ajourées réunissant les anses à la base.
Karo, Schachtgräber, nᵒ 412; Bossert,
fig. 148; A. Furumark, Nestor's Cup
and the Mycenaean Dove Goblet, dans
Eranos, 44, 1946, pp. 41-53; H. L.
Lorimer, Homer and the Monuments,
Londres, 1950, pp. 332-334; Sp. Marinatos, Der "Nestorbecher" aus dem
IV. Schachtgrab von Mykenae, dans
Neue Beiträge zur klassischen Altertumswissenschaft, Festschrift zum 60.
Geburtstag von B. Schweitzer, (Stuttgart et Cologne, 1954), pp. 11-18;

M. G. F. Ventris, King Nestor's four-handled Cup, Greek Inventories in the Minoan Script, dans Archaeology, 7, 1954, pp. 15-21; Marinatos-Hirmer, pl. 188; Buchholz-Karageorghis, n° 1085.

23. Coupe à pied en electrum (390): (figs. 13-14): H. 15, 5; D. 17; P. 1057, 5. Vase fait de deux parties soudées, pied et vasque; base renforcée par une plaque de bronze; décoration incrustée en or: de haut en bas, bandeau horizontal, frise de 3 motifs de bac à fleurs, rangée horizontale de petit disques; anse de type Vaphio fixée au moyen de 4 rivets (3 à tête losangique, plaqués d'or, 1 à tête circulaire plate). U. Köhler, Mykenisches Silbergefäss dans A. M. , 8, 1883, pp. 1-6 et pl. 1; Karo, Schachtgräber, n° 390; Bossert, fig. 157; Marinatos-Hirmer, pl. 186; Higgins, fig. 186; Laffineur, n° 18.

24. Canthare en or (440): (fig. 15): H. avec les anses 11, 5; D. embouchure 11, 2; D. base 4, 8; P. 205, 2. Vase à paroi épaisse; base soulignée par un fin bourrelet repoussé; 2 hautes anses en ruban opposées, aux longs côtés renforcés (fil d'argent); fixation au moyen de 3 rivets (2, 1) à tête plate. Karo, Schachtgräber, n° 440; Bossert, fig. 150; Marinatos-Hirmer, pl. 192, en bas; Matz, pl. p. 178; Higgins, fig. 82; Buchholz-Karageorghis, n° 1086.

25. Cruche en argent (511): (fig. 16): H. 20, 5; D. embouchure 7, 5; D. base 5. 6: P. 486. Base petite; panse sensiblement sphérique; épaule marquée par un large bourrelet saillant; col haut à profil légèrement concave; embouchure oblique et évasée; anse de section circulaire, en forme de crosse, décorée de stries longitudinales; fixation au

moyen de 4 rivets (3, 1). Karo, Schachtgräber, n° 511.

26. Rhyton en or en forme de tête de lion (273): (fig. 17): H. 20; l. 10, 5; profondeur 14; P. 633. Le long du bord (nuque du lion), des trous dont 13 montrent encore les restes des rivets destinés à la fixation d'un couvercle disparu; sur le sommet de la tête, petite anse de suspension à profil en oméga majuscule fixée par 2 rivets (un seul est conservé); à côté, le trou de remplissage (D. 1, 5); le trou de vidange est percé dans la lèvre inférieure de l'animal (D. 0, 4); les formes générales et les masses principales de la figure sont exécutées au repoussé, les détails sont ciselés. Karo, Schachtgräber, n° 273; Marinatos-Hirmer, pls. 176 et XXXIX; Matz, pl. p. 176; P. Demargne, Naissance de l'art grec, Paris, (1964), fig. 281.

27. Rhyton en argent en forme de tête de taureau (384): (fig. 18): H. 15, 5 (±30 avec les cornes); P. 829. Le bord (nuque), légèrement évasé, devait recevoir un couvercle; l'intérieur montre des traces de la feuille d'argent qui tapissait le vase; sur le sommet de la tête, trou de remplissage (D. 1, 5) et petite anse filiforme à profil en oméga majuscule, dont les extrémités se terminent en spirales recevant les rivets de fixation; lèvre inférieure percée d'um trou de vidange; nombreux éléments appliqués (au moyen d'un ciment): oreilles en bronze, plaquées d'or à l'intérieur et d'argent à l'extérieur, cornes en fine feuille d'or (contenant anciennement une âme de bois); rosette en or à 16 branches rivée au milieu du front. Karo, Schachtgräber, n° 384; Marinatos-Hirmer, pl. 175; Matz, pl. p. 173.

28. Vase en argent en forme de cerf
(388): H. 21, 7; L. 25, 5; l. 9; P.
2622, 5. Vase plastique en alliage d'argent et de plomb; col assez élevé et
embouchure évasée, situés au milieu du
dos de l'animal. Karo, Schachtgräber,
nᵒ 388; Bossert, fig. 97; Marinatos-
Hirmer, pl. 177.

29. Rhyton conique en argent, à
scène de siège (481): (fig. 19): H. 22, 9;
D. embouchure + 11, 2. Fond percé d'un
trou de vidange (D. 0, 8); bord renforcé
par une bande d'or qui le chevauche;
anse en ruban (477) à profil en point
d'interrogation, aux bords renforcés
(fil de bronze) et légèrement relevés;
fixation au moyen de 4 rivets (3, 1) à
tête plaquée d'or; de chaque côté de
l'attache inférieure, un bouclier en 8
appliqué. Le vase a été reconstitué à
partir de nombreux fragments décorés:
fragment principal avec scène de combat devant la muraille d'une ville, fragment avec guerrier au sommet d'une
muraille, fragment avec un bras et un
personnage vu à mi-corps, fragment avec 7 nageurs incomplets, 6 fragments
montrant des nageurs aux prises avec
un monstre marin (?), fond décoré d'écailles figurant les vagues de la mer
(504); tous les motifs exécutés au repoussé, détails ciselés. V. Stais, Das
silberne Rhyton des vierten Grabes der
Burg von Mykenai, dans A.M., 40,
1915, pp. 45-52; Evans, P.M., III, pp.
92-106; Karo, Schachtgräber, nᵒ 481;
Bossert, fig. 77; Fr. Matz, Le monde
égéen, Troie, Crète, Mycènes, Paris,
(1956), pl. 94; Persson, New Tombs,
pp. 182-186; Marinatos-Hirmer, pl.
174; E.T. Vermeule, Greece in the
Bronze Age, Chicago et Londres (1964),
pl. XIV; J.T. Hooker, The Mycenae

Siege Rhyton and the Question of Egyptian Influence, dans A.J.A., 71, 1967, pp. 269-281.

30. Vase en or à couvercle (391): (fig. 20): H. 12,2; D. 6,5; D. couvercle 5,2; P. 216. Base plate soulignée par un bourrelet saillant assez large; panse ovoïde sans décor, portant à sa partie supérieure 2 anses en ruban horizontales opposées, fixées par 2 rivets; épaule ornée de deux rangées de petites feuilles repoussées; lèvre horizontale fixée au bord du vase au moyen de 4 rivets en or; couvercle plat au centre duquel est rivée une anse à profil en oméga majuscule; dispositif à fil arqué analogue à celui de 6 et 7. Karo, Schachtgräber, nº 391; Marinatos-Hirmer, pl. 191, en haut.

31-34. Anses en argent (469, 472, 474, 478): 4 anses en ruban à profil en point d'interrogation, à bords relevés; certaines ont conservé leurs rivets; 32 (472) est en bronze plaqué d'argent. Karo, Schachtgräber, nº 469, 472, 474 et 478.

35. Anse en argent (471): Anse à profil en point d'interrogation en forme de tige (L. 10); un fragment de la paroi du vase est encore fixé à l'attache inférieure. Karo, Schachtgräber, nº 471.

36. Fragment d'anse en argent (470): Crochet constituant l'extrémité d'une anse de section circulaire. Karo, Schachtgräber, nº 470.

37. Fragments de vases en or et en argent (475, 479, 505-506): -embouchure d'une cruche à bec, en bronze recouvert d'or; la partie supérieure de l'anse est conservée (475). -6 fragments, dont un complètement couvert de rivets (479). -fragments non décorés (505-506). Karo, Schachtgräber, nº

475, 479 et 505-506.

38. Fragment de coupe à pied en argent (520): D. pied 4. Seuls, le pied, la partie inférieure de la panse et une partie de l'anse sont conservés; anse en ruban fixée au moyen de 3 rivets (2, 1). Karo, Schachtgräber, n° 520.

39. Fragments d'un grand vase en argent (605-607) (fig. 21): Fragments sans décor: -lèvre horizontale (D. 40, 5; l. 2, 8) renforcée par une feuille de bronze et ornée de 3 cannelures concentriques; quelques fragments du col sont conservés et montrent que la fixation de la lèvre se faisait au moyen de rivets en bronze. -base circulaire plate en bronze (D. 18), plaquée d'argent. -2 anses en ruban en bronze plaqué d'argent et pourvues d'un large bourrelet médian (L. 15 et 14; l. aux extrémités 5, 6 et 5, 3; l. au centre 3, 5); deux rivets en argent à tête plate. Fragments décorés, appartenant à la panse: -9 fragments réassemblés (31, 2 x 30, 3) montrant des guerriers armés. -48 fragments, certains réassemblés, avec pièces d'armement et combattants incomplets. Le décor est exécuté au repoussé, les détails étant ciselés. Karo, Schachtgräber, n° 605-607; A. Sakellariou, Un cratère d'argent avec scène de bataille provenant de la quatrième tombe de Mycènes, dans Atti e memorie del primo Congresso internazionale di micenologia, Rome, 1966, pp. 262-265; A. Sakellariou, Un cratère d'argent avec scène de bataille provenant de la IVe tombe de l'Acropole de Mycènes, dans A.K., 17, 1974, 1, pp. 3-20 et pls. 1-2.

40. Fragments de vases en or et en argent (608): -couvercle en argent (D. 16) à anse filiforme arquée et mobile terminée par des crochets; ceux-ci

102

sont engagés dans 2 anneaux formés par
l'extrémité spiralée de 2 tiges parallèles rivées au couvercle (2 plaques
rectangulaires en argent servant au renforcement). -lèvre horizontale et fragments de paroi d'une tasse basse en argent (D. 21, 5); bord renforcé par un fil
de bronze. -fragment de paroi en argent, sans décor, avec anse en ruban à
profil en point d'interrogation fixée à
mi-hauteur au moyen de 3 rivets en argent (2, 1). -petite applique en forme de
bouclier en 8 (L. 0, 95) munie de 2 rivets. -fragments en argent, dont un décoré d'un motif de branches feuillues.
Karo, Schachtgräber, n° 608.

41. Fragments de vases en argent
(609-610, 616): Karo, Schachtgräber,
n° 609-610 et 616.

5. Tombe V

42. Gobelet en or à une anse (627):
(fig. 22): H. 7, 5; D. embouchure 9, 5;
D. base 5, 7; P. 35, 2. Vase semblable
à 3; mêmes éléments de forme et de décor, exceptés les 2 bourrelets horizontaux médians qui sont ornés de stries
obliques dirigées dans le même sens et
les rivets de fixation de l'anse qui ont
une tête légèrement bombée. Karo,
Schachtgräber, n° 627.

43. Gobelet en or à une anse (628):
(fig. 23): H. 12 (14 avec l'anse); D.
embouchure 15; D. base 7, 5; P. 176, 7.
Base marquée par un bourrelet saillant
strié verticalement; paroi divisée en 2
zones par un bourrelet semblable strié
obliquement; zone inférieure décorée de
chevrons ciselés; registre supérieur
orné de piliers supportant des arcs repoussés; anse en ruban à profil en
point d'interrogation, aux longs côtés
renforcés, fixée au moyen de 3 rivets
(2, 1) en or à tête légèrement bombée.

Karo, Schachtgräber, nᵒ 628; Marinatos-Hirmer, pl. 193, en bas.

44. Gobelet en or à une anse (629): H. 10, 5 (12, 5 avec l'anse); D. embouchure 15, 5; D. base 10; P. 253, 6. Paroi divisée en 2 zones par un bourrelet saillant; les 2 zones décorées d'un réseau repoussé de spirales enchaînées, disposées en 2 rangées horizontales superposées; anse en ruban à profil en point d'interrogation renforcée sur les longs côtés (fil de bronze) et ornée d'un bourrelet longitudinal médian en saillie; fixation au moyen de 3 rivets (2, 1) en or. Karo, Schachtgräber, nᵒ 629; Marinatos-Hirmer, pl. 194, en haut; Higgins, fig. 176.

45. Gobelet en or à une anse (630): (fig. 24): H. 9, 5; D. embouchure 11, 7; D. base 8, 5; P. 339, 5. Paroi sans décor; anse de type Vaphio fixée au moyen de 4 rivets (3, 1) en or. Karo, Schachtgräber, nᵒ 630.

46. Gobelet en argent à une anse (755): H. 6; D. 9, 5. Paroi sans décor; anse de type Vaphio fixée au moyen de 4 rivets (3, 1) en or à tête hémisphérique. Karo, Schachtgräber, nᵒ 755.

47. Gobelet en argent (756): H. 6, 5; D. 9. Paroi décorée de languettes verticales allongées, délimitées par des doubles traits ciselés; l'anse et une partie du bord manquent, de même qu' un morceau inférieur de la paroi. Karo, Schachtgräber, nᵒ 756.

48. Gobelet en argent à une anse (866): H. 8, 5; D. (restitué) 11. Paroi sans décor; anse de type Vaphio. Karo, Schachtgräber, nᵒ 866.

49. Gobelet en argent (867): D. base 9. Seuls, le fond et quelques fragments de la paroi sont conservés. Karo, Schachtgräber, nᵒ 867.

50. Gobelet en argent (879): H. 8; D. 13, 5. Semblable à 46; l'anse et un tiers de la paroi manquent. Karo, Schachtgräber, n° 879.

51. Gobelet en argent (880): H. 9; D. 9. Seuls, le fond et la moitié de la paroi sont conservés, déformés; bourrelet horizontal saillant à mi-hauteur, entouré de 2 frises de spirales continues. Karo, Schachtgräber, n° 880.

52. Gobelet en argent (887): H. 8, 1. Très fragmentaire; paroi ornée de cannelures horizontales. Karo, Schachtgräber, n° 887.

53. Tasse basse en argent (786 et 787): H. avec l'anse 4, 5; D. 10, 3; l. lèvre 1. Lèvre horizontale en or fixée au moyen de 6 rivets et décorée au repoussé: anneau strié transversalement, cerclé d'une couronne de feuilles allongées disposées obliquement; anse en ruban en or, à profil en point d'interrogation (787), à décor semblable à celui de la lèvre; fixation au moyen de 4 rivets (3, 1) en or à tête plate. Karo, Schachtgräber, n° 786/787.

54. Coupe à pied en or (656): (fig. 25): H. 10, 8 (12, 8 avec l'anse); D. embouchure 10, 7; D. base 4, 1; P. 127, 7. Profil régulier avec passage insensible de la vasque au pied; embouchure soulignée par une cannelure horizontale; vasque décorée de 3 lions courant, exécutés au repoussé; anse en ruban à profil en point d'interrogation, à bande longitudinale médiane en saillie; fixation au moyen de 3 rivets (2, 1) en or; rosace gravée sur le pied, à peine visible. Karo, Schachtgräber, n° 656; Marinatos-Hirmer, pl. 192, en haut.

55. Coupe à pied en argent (864): H. 9; D. embouchure 13, 5; D. pied 4, 7. Embouchure légèrement évasée; paroi

sans décor; 2 anses en ruban à profil en point d'interrogation, décorées de 2 nervures longitudinales médianes; fixation au moyen de 2 rivets à tête bombée. Karo, Schachtgräber, nº 864.

56. Jarre en argent (855): (fig. 26): H. 34, 5; D. embouchure 11; D. base 9, 5. Col fabriqué à part et fixé au reste du vase par l'intermédiaire d'une bande d'argent rivée au bord de chaque partie; base marquée par un bourrelet saillant; décor de la panse, de bas en haut: cannelures horizontales, arcades doubles, spirales enchaînées; à l'épaule, bourrelet saillant strié verticalement et surmonté de 3 cannelures horizontales; lèvre horizontale; anse en ruban à profil en S, décorée de 4 cannelures longitudinales et dont les bords sont soulignés par des petites stries transversales; fixation au moyen de 4 rivets (3, 1) en argent à tête bombée; base, bourrelet saillant de l'épaule et embouchure renforcés par du bronze. Karo, Schachtgräber, nº 855; Marinatos-Hirmer, pl. 195; Higgins, fig. 185; Buchholz-Karageorghis, nº 1088.

57. Col de cruche en bronze argenté (881): H. 4. Col à profil concave et bec oblique; bourrelet horizontal saillant à la base; 2 excroissances circulaires à la naissance du bec. Karo, Schachtgräber, nº 881.

58. Anse en argent (886): L. 6, 5; l. 2, 7. Anse en ruban à profil en point d'interrogation constituée de 2 feuilles d'argent enserrant un ruban longitudinal médian; un rivet en argent à l'attache supérieure. Karo, Schachtgräber, nº 886.

59. Anse en argent (878): L. 5, 3. Anse en ruban à bords renforcés; un rivet en argent à l'attache inférieure.

Karo, Schachtgräber, n⁰ 878.

60. Fragment d'anse en argent (820):
Extrémité d'anse en forme de tige terminée par un crochet (semblable à l'anse de 66); l'anneau où s'engage le crochet est conservé. Karo, Schachtgräber,
n⁰ 820.

61. Fragments de vases en argent
(862, 863, 865): Karo, Schachtgräber,
n⁰ 862, 863, 865.

62. Fragments de vases en argent
(868): -fond circulaire décoré d'un réseau de spirales repoussées (D. 10, 5).
-ruban inférieur d'une anse de type Vaphio. -20 fragments décorés de spirales
enchaînées, l'un d'eux porte un rivet en
argent. Karo, Schachtgräber, n⁰ 868.

63. Fragments de vases en argent
(869-871, 876): 23 fragments décorés
pour la plupart de branches feuillues
repoussées. Karo, Schachtgräber, n⁰
869-871 et 876.

64. Fragments de vases en argent
Karo, Schachtgräber, p. 156 et fig. 74.

6. Tombe VI

65. Gobelet en or à une anse (912)·
H. 5, 5 (6 avec l'anse); D. 6, 8; P. 28, 1.
Forme et décoration identiques à 3.
Karo, Schachtgräber, n⁰ 912.

66. Chaudron à pied en argent (909a):
(fig. 27): H. 17, 5; D. embouchure 21, 5-
26; D. pied 9. Pied assez élevé; vasque
sans décor, en forme de demi-sphère
outrepassée; embouchure légèrement
évasée, renforcée par un fil de bronze;
anse filiforme arquée et mobile aux extrémités en crochet; chaque extrémité
s'engage dans un anneau formé par une
tige métallique pliée en deux, laquelle
est soudée au vase et recouverte par une
applique d'argent en forme de double
hache, rivée (2 rivets à tête plate) à la
paroi. Karo, Schachtgräber, n⁰ 909a.

B. Cercle B des tombes à fosse[4]

1. Tombe alpha

66a. <u>Cruche en argent</u> (8569): H. 10,5.
Cruche semblable au n° 25. Mylonas,
Κύκλος Β, p. 31, n° A-325 et pl. 16,α et

2. Tombe gamma

66b. <u>Gobelet en or à une anse</u> (8703):
H. 5; D. embouchure 8-8,2. Paroi divisée en 2 zones superposées par un
bourrelet horizontal saillant; décor de
lignes verticales ciselées; base ornée
d'une couronne en relief; anse en ruban
à profil en point d'interrogation et
bords renforcés fixée par des rivets.
Mylonas, Κύκλος Β, p. 74, n° Γ-357
pl. 58, α et β, 1.

66c. <u>Gobelet en or à une anse</u> (8704):
H. 4,7; D. embouchure 8,1. Paroi ornée de cannelures; anse en ruban à
profil en point d'interrogation et bords
renforcés fixée par des rivets. Mylonas, Κύκλος Β, pp. 74-75, n° Γ-358
pl. 58, β,2 et γ.

3. Tombe delta

66d. <u>Gobelet en argent fragmentaire</u>
(9563): H. 9,3. Paroi ornée d'une figure de lion repoussée. Mylonas,
Κύκλος Β, p. 88, n° Δ-326 et pl. 71 α

4. Tombe iota

67. <u>Gobelet en argent à une anse</u>
(8621): (fig. 28): H. 6,5; D. embouchure 7. Base marquée par un bourrelet
horizontal à nervures verticales; paroi
décorée de cannelures verticales à arêtes douces; bord renforcé par un ruban
d'or plié en deux qui le chevauche; anse
en ruban en argent, aux bords relevés,
ornée d'un fin bourrelet longitudinal
médian; fixation au moyen de 3 rivets
(2,1). G.E. Mylonas, <u>Ancient Mycenae</u>,
Princeton, 1957, fig. 71; Id., <u>Mycenae</u>
<u>and the Mycenaean Age</u>, Princeton,
1966, fig. 100; Id., <u>A Silver Cup from</u>
108

Mycenae, dans A.A.A., 2, 1969, pp.
375-376; Mylonas, Κύκλος B, p. 119,
n° I-327 et pl. 101 β.

5. Tombe nu

   68. Gobelet en or à une anse (8595):
(fig. 29): D. 12. Une nervure horizontale, à peu près à mi-hauteur, divise la
paroi en 2 zones ornées de cannelures
verticales; bord souligné par 2 rangées
de points repoussés; fond décoré d'une
spirale à trois enroulements remplis de
points repoussés; autour de la spirale,
une couronne de courtes lignes obliques
formant motif tournoyant; anse en ruban à profil en point d'interrogation, à
bords renforcés; fixation au moyen de
3 rivets (2,1). G.E. Mylonas, Ancient
Mycenae, Princeton, 1957, fig. 69; Id.,
Mycenae and the Mycenaean Age,
Princeton, 1966, fig. 94; Mylonas,
Κύκλος B, p. 173, n° N-389 et pl. 152.

C. Cimetière préhistorique (situé entre
la tombe d'Egisthe et la porte des
Lionnes)

   69. Anse incrustée de type Vaphio
(7639): L. 5,5. Anse formée de 3 parties; l'élément cylindrique vertical porte 3 bandes horizontales incrustées,
celle du centre en or, les 2 autres en
electrum; une bande d'or souligne le
bord de chaque ruban horizontal; 2 rosettes d'or incrustées dans le ruban supérieur. A.J.B. Wace, Mycenae 1939-
1952, I, Preliminary Report on the Excavations of 1952, dans B.S.A.,48,
1953, pp. 8-9 et pl. 4c; Laffineur, n°
23.

D. "Trésor de l'acropole"[5]

   70. Coupe à pied en or (957): (figs.
30-32): H. 14,3; D. embouchure 13,7;
D. base 6,6. Deux parties, vasque et

pied, réunies par 15 rivets en or; pied
en diabolo; vasque sans décor; lèvre
évasée; 2 anses opposées, à profil en
point d'interrogation et section circulaire, dont l'extrémité inférieure est
aplatie en disque et fixée au moyen d'un
rivet à tête hémisphérique et dont l'extrémité supérieure est modelée en forme de tête de chien mordant la lèvre
(un fin rivet de fixation traverse le nez
et la mâchoire inférieure du chien).
Schliemann, Mycènes, pp. 435-436 et
fig. 528; Perrot et Chipiez, Histoire de
l'art, VI, fig. 529; Stais, Collection
mycénienne, p. 65 et fig. p. 66; H.
Thomas, The Acropolis Treasure from
Mycenae, dans B.S.A., 39, 1938-1939,
p. 66 et pls. 26a et 27b; Marinatos-
Hirmer, pl. 189; P. Demargne, Naissance de l'art grec, Paris, (1964),
figs. 268-269; Buchholz-Karageorghis,
n⁰ 1087.

71. Coupe à pied en or (958): H. 15,3;
D. embouchure 15,3; D. base 7,1. Vase identique à 70.

72. Coupe à pied en or (959): H. 15,3;
D. embouchure 13,1; D. base 6,5. Vase identique à 70.

73. Coupe à pied en or (960): H. 16,2;
D. embouchure 15,6; D. base 7,3. Vase identique à 70; 19 rivets au raccord
des 2 parties.

74. Tasse basse en or (961): (fig. 33):
H. 3,5; D. embouchure 10,4: D. base
3,8. Base circulaire plate; paroi sans
décor; lèvre horizontale; anse en ruban
à profil en point d'interrogation fixée au
moyen de 3 rivets (2,1) à tête hémisphérique. Schliemann, Mycènes, p.
437; Stais, Collection mycénienne, p.
65; H. Thomas, op. cit., p. 70 et pl.
27a.

E. Tombes à chambre

75. Tasse basse en argent (2489): (fig. 34): Tombe 24. H. 6; D. 16. Base circulaire saillante; incrustations d'or sur la partie supérieure de la paroi, de haut en bas: une rangée de feuilles, une frise de têtes humaines barbues vues de profil, une branche feuillue horizontale faisant le tour du vase; 7 têtes encore en place (21 à l'origine), quelques-unes retrouvées détachées; anse en ruban à profil en point d'interrogation, décorée de 3 rangées de feuilles d'or incrustées; fixation au moyen de 4 rivets (3,1); attache supérieure recouverte d'une plaque d'argent à décor de feuilles ciselées. Chr. Tsountas, Ἀνασκαφαὶ τάφων ἐν Μυκήναις, dans Ἀρχ. Ἐφ., 1888, cols. 143 et 159-161 et pl. 7,2; Id. et J.I. Manatt, The Mycenaean Age, Londres, 1897, p. 234 et fig. 117; Perrot et Chipiez, Histoire de l'art, VI, pp. 811-812 et fig. 381; Stais, Collection mycénienne, pp. 76-77 et fig. p. 77; Ebert, Reallexikon der Vorgeschichte, IV, pl. 171; Bossert, figs. 153-155; Marinatos-Hirmer, pl. 196, en haut; Higgins, fig. 189; Buchholz-Karageorghis, nᵒ 1108; Laffineur, nᵒ 19.

76. Tasse basse en argent (3121): Tombe 78. Paroi ornée d'une frise horizontale de tricurved arch repoussés.

77. Tasse basse: Tasse en bronze à lèvre recouverte d'une couronne d'or; cette dernière décorée au repoussé d'une rangée de spirales enchaînées; anse à placage semblable.

78. Fragments d'un vase en argent: Tombe 515. 10 fragments en argent, fortement oxydés, appartenant probablement à un vase. A.J.B. Wace, Chamber Tombs at Mycenae, Oxford, 1932, p. 58.

F. Provenance indéterminée

79. Anse en bronze incrustée (2874):
Décorée de 4 figures de nautiles en or.
Ἀρχ. Ἐφ. , 1957, Αρχαιολ. Χρον.,pp.
6-7 et pl. B, β; Laffineur, nº 24[b].

II. DENDRA

A. Tombe à tholos

80. Gobelet en or et en argent à une
anse: (fig. 35): Athènes, Musée national. H. 7,5; D. 11,5. Fond et paroi
double: à l'intérieur, une feuille d'or
dont le bord est replié sur la partie supérieure de la feuille extérieure, en
argent; cette dernière, conservée seulement dans sa moitié supérieure, est
décorée au repoussé de 2 taureaux courant vers la gauche; anse en argent de
type Vaphio, fixée au moyen de 3 rivets
(2,1) à tête plate. Persson, Royal
Tombs, pp. 33-34 et pls. II et XVI.

81. Tasse basse en or (tasse aux
poulpes): (figs. 36-37): Athènes, Musée
national, nº 7341. H. 5 (7 avec l'anse);
D. 18,5; P. 195. Base circulaire saillante; lèvre évasée; bord recouvert
d'une bande d'or striée verticalement,
qui le chevauche; paroi décorée au repoussé de poulpes, de dauphins et d'argonautes, le tout dans un paysage marin; anse en ruban à profil en point
d'interrogation, dont l'attache inférieure est découpée en forme de double
chapiteau papyriforme; fixation au moyen de 4 rivets (3,1) en or. Persson,
Royal Tombs, pp. 31-32, frontispice,
fig. 25 et pls. IX-XI: Bossert, fig. 76;
Marinatos-Hirmer, pls. 196 en bas et
197; P. Demargne, Naissance de l'art
grec, Paris, (1964), fig. 303; Lord W.
Taylour, The Mycenaeans, New York et
Washington, (1964), pl. 58; G.E. My-

lonas, Mycenae and the Mycenaean Age
Princeton, 1966, p. 193 et fig. 121;
Higgins, figs. 182-183.

82. Tasse basse en argent: Athènes,
Musée national. H. 5,4 (7,5 avec l'anse); D. 17. Base circulaire saillante;
lèvre légèrement évasée; paroi sans
décor; anse en ruban à profil en point
d'interrogation fixée au moyen de 3 rivets à tête plate. Persson, Royal
Tombs, p. 33 et fig. 29.

83. Tasse basse incrustée: (fig. 38):
Athènes, Musée national, n° 7336.
H. 5,5; D. 15,7; P. 209. Même fabrication à paroi double et en mêmes matériaux que 80; base circulaire saillante; décoration incrustée, de haut en bas:
une bande d'or horizontale, une frise de
5 têtes de taureau vues de face (or et
nielle), une bande d'or horizontale; anse en Y (wishbone handle) décorée d'incrustations de nielle et fixée au moyen
de 2 groupes de 3 rivets en argent à tête
plaquée d'or. Persson, Royal Tombs,
p. 38 et pls. I et XII- XV; Bossert, fig.
159; Ch. Picard, De Midéa à Salamis
de Chypre: à propos de deux coupes d'or
et d'argent, dans, Γέρας 'Αντ. Κεραμοπούλλου , Athènes, 1953, pp. 1-16.

84. Coupe à pied en argent: Athènes,
Musée national. H. 17; H. du pied 7;
D. base 5. Mauvais état de conservation; pied creux à profil concave; base
et bord de la vasque marqués par une
bande en relief ornée d'une rangée de
saillies circulaires; entre les deux, des
chiens poursuivant des cervidés, au repoussé. Persson, Royal Tombs, p. 33,
fig. 30 et pl. XVII, 1.

B. Tombe à chambre n° 2
85. Tasse basse en argent: Athènes,
Musée national. H. 5 (7,2 avec l'anse);

D. 13, 2. Base circulaire saillante; embouchure évasée; bande d'or recouvrant le bord, semblable à celle de 81; décoration repoussée de la paroi: entre deux bandes striées transversalement, une frise de feuilles de lierre emboîtées les unes dans les autres; anse en ruban à profil en point d'interrogation, aux bords renforcés par épaississement et à nervure longitudinale médiane; fixation au moyen de rivets. Persson, Royal Tombs, pp. 99-100 et pl. XXXIII, 5.

C. Tombe à chambre nº 9

86. Anse en argent: Athènes, Musée national. H. 6, 6. Anse en ruban à profil en point d'interrogation; attache supérieure munie de 3 rivets à tête légèrement bombée, plaquée d'argent (rivets extérieurs) et d'electrum (rivet central); extrémité inférieure portant un rivet à tête plaquée d'electrum. Persson, New Tombs, pp. 56-57, nº 1 et fig. 62, 1.

D. Tombe à chambre nº 10
1. Fosse 1

87. Tasse basse en or:(fig. 39): Athènes, Musée national. H. 5 (7, 5 avec l'anse); D. 13; P. 98. Base circulaire saillante; lèvre évasée formée de 8 lobes; bord épaissi à lignes transversales en relief; décoration de la paroi identique à celle de 85; anse en ruban à profil en point d'interrogation à bords épaissis; extrémité inférieure de l'anse en forme de double chapiteau papyriforme; fixation au moyen de 3 rivets (2, 1) en or à tête bombée. Persson, New Tombs, pp. 74-75, nº 19, fig. 88 et pl. IV; Buchholz-Karageorghis, nº 1117.
2. Fosse 2

88. Tasse basse en argent: (fig. 40):

Athènes, Musée national. H. 1, 8 (la pièce est écrasée); H. avec l'anse 3, 6; D. embouchure 11, 5; D. base 5, 4. Base circulaire saillante; paroi sans décor; lèvre horizontale recouverte d'une couronne d'or, ornée d'une rangée de spirales repoussées et fixée à la lèvre au moyen de 7 rivets en or; anse en ruban, en argent, à profil circulaire, recouverte d'une feuille d'or (ornée de deux rangées de spirales identiques à celles de la lèvre); fixation au moyen de 3 rivets (2, 1). Persson, New Tombs, pp. 90-91, n⁰ 39, fig. 99, 6 et pl. VI, 2.

89. Coupe à pied en argent à anse haute: (fig. 41): Athènes, Musée national. H. 8; D. 12, 5. Vasque profonde; pied assez bas; embouchure évasée et bord épaissi et strié transversalement; paroi décorée au repoussé: 5 oiseaux volant vers la gauche, enfermés dans des médaillons, sur fond d'écailles limité par deux bourrelets horizontaux striés transversalement; anse en ruban très élevée, pourvue d'un bourrelet médian à stries transversales; fixation au moyen de 3 rivets (2, 1). Persson, New Tombs, pp. 89-90, n⁰ 37, figs. 93-94 et 100, frontispice et pl. VI, 1.

90. Coupe à pied en argent: Athènes, Musée national. H. 7, 4; D. 10, 5. Vase de forme apparentée aux gobelets éphyréens; anse en ruban à profil en point d'interrogation, fixée au moyen de 3 rivets (2, 1); pas de décor. Persson, New Tombs, p. 88, n⁰ 35 et fig. 99, n⁰ 2.

91. Coupe à pied en argent: Athènes, Musée national. H. 7, 4; D. 11. Vase identique à 90. Persson, New Tombs, p. 89, n⁰ 36 et fig. 99, n⁰ 3.

92. Cratère en argent à deux anses: Athènes, Musée national. H. 21, 5: D. 25 (30 avec les anses). Forme sembla-

ble à 90 et 91, mais dimensions plus grandes; lèvre évasée; pas de décor; 2 anses en ruban à profil en point d'interrogation fixées chacune au moyen de 4 rivets (3,1). Persson, New Tombs, pp. 87-88, n° 34 et fig. 99, n° 1.

E. Tombe à chambre n° 12 (tombe de la cuirasse)

93. Gobelet en argent à une anse: Reconstitué à partir de plusieurs fragments incrustés d'or: motifs de rosaces, de doubles haches et de cornes de taureau; bande d'or soulignant le bord; anse de type Vaphio dont l'élément supérieur est incrusté des mêmes motifs en or que la paroi. N.M. Verdelis, Neue Funde von Dendra, dans A.M., 82, 1967, pp. 52-53, fig. 17 et pls. 30-31.

F. Provenance supposée

94. Gobelet en bronze incrusté d'or: Marché des antiquités[7]. Paroi incrustée de têtes de taureau de face, de doubles haches et de rosaces; fond décoré d'une rosace incrustée. Higgins, p. 150; P. Åström, A Midéa et Dendra, découvertes mycéniennes, dans Archeologia, n° 51, oct. 1972, p. 50 et figs. p. 51; Laffineur, n° 22.

III. VAPHIO

Tombe à tholos

95. Gobelet en or à une anse (gobelet A): Athènes, Musée national, n° 1758. H. 8,3; D. embouchure 10,4; D. base 9,8; P. 276. Vase à double paroi en or; décoré au repoussé d'une scène de capture violente des taureaux; anse de type Vaphio.

96. Gobelet en or à une anse (gobelet

<u>B</u>): Athènes, Musée national, n° 1759.
H. 8; D. 10, 4; P. 280, 5. Forme paire
avec <u>95</u>; scène de capture par ruse.
(<u>95</u> et <u>96</u>) Chr. Tsountas, Ἔρευναι ἐν
τῇ Λακωνικῇ καὶ ὁ τάφος τοῦ Βαφειοῦ
dans Ἀρχ. Ἐφ.1889, cols. 159-163 et pl.
9; G. Perrot, <u>Les vases d'or de Vafio</u>,
dans <u>B. C. H.</u>, 15, 1891, pp. 493-537 et
pls. <u>XI-XIV</u>; Chr. Tsountas et J. I. Manatt, <u>The Mycenaean Age</u>, Londres,
1897, pp. 227-228 et figs. 113-114;
Perrot et Chipiez, <u>Histoire de l'art</u>, VI„
pp. 784-794, figs. 369-370 et pl. XV;
Stais, <u>Collection mycénienne</u>, pp. 157-
159; A. Riegl, <u>Zur kunsthistorischen</u>
<u>Stellung der Becher von Vafio</u>, dans
<u>Ö. Jh.</u>, 9, 1906, pp. 294-295; Evans,
<u>P. M.</u>, III, pp. 180-202; Bossert, figs.
70-75; Fr. Matz, <u>Le monde égéen</u>,
<u>Troie, Crète, Mycènes</u>, Paris, (1956),
pp. 93-95 et pls. 64-65; Marinatos-
Hirmer, pls. 178-185; Matz, pl. p.
132; P. Demargne, <u>Naissance de l'art</u>
<u>grec</u>, Paris, (1964), figs. 282-286;
Higgins, figs. 178-180; E. N. Davis,
<u>The Vaphio Cups. One Minoan and one</u>
<u>Mycenaean?</u> dans <u>A. J. A.</u>, 74, 1970, p.
191; W. Schiering, <u>Die Goldbecher von</u>
<u>Vaphio</u>, dans <u>Antike Welt</u>, 2, 1971, 4,
pp. 3-10; Buchholz-Karageorghis, n°
1104-1105.

97. <u>Gobelet en argent à une anse</u>: A-
thènes, Musée national. H. 8, 5; D.
11, 8. Forme semblable à <u>95-96</u>; anse
de type Vaphio, fixée au moyen de rivets; paroi ornée de 3 groupes de lignes ciselées parallèles, un au bord, un
à la base et un à mi-hauteur. Evans,
<u>P. M.</u>, II, p. 175 et fig. 88.

98. <u>Tasse basse en argent</u>: Athènes,
Musée national, n° 1875. D. 11, 7. Base
saillante; paroi sans décor; lèvre horizontale recouverte d'une couronne d'or;

cette dernière porte un décor de spirales repoussées; anse en ruban à profil
en point d'interrogation fixée au moyen
de rivets et recouverte d'une feuille
d'or décorée de 2 rangées de spirales
semblables à celles de la lèvre. Chr.
Tsountas, op. cit., col. 153 et pl. 7,
n° 15; Perrot et Chipiez, Histoire de
l'art, VI, pp. 962-963 et fig. 533;
Stais, Collection mycénienne, p. 155.

IV. PERISTERIA

Tombe à tholos n° 3

99. Gobelet en or à une anse: Musée
de Chora, n° 2634[8]. D. 20. Paroi divisée en 2 registres horizontaux par un
bourrelet en relief strié obliquement et
flanqué de part et d'autre d'une petite
bande en saillie, striée de même, mais
en sens opposé; les 2 zones sont décorées au repoussé d'un réseau de spirales enchaînées se développant sur 3
rangées horizontales; anse en ruban à
profil en point d'interrogation et bords
renforcés; fixation au moyen de rivets.
Ergon, 1965, fig. 111; G. Daux, Chronique...1965, dans B.C.H., 90, 1966, p.
809 et fig. 22; Sp. Marinatos, Problemi
archeologici e filologici di Pilo, dans
S.M.E.A., fig. 23.

100. Gobelet en or à une anse: Musée
de Chora, n° 2635. D. 12. Fond plat
orné de cercles concentriques ciselés;
lèvre évasée; paroi divisée en 2 zones
horizontales par un bourrelet saillant
flanqué de part et d'autre d'une bande en
relief striée verticalement; chaque zone
est décorée d'une frise de spirales enchaînées; anse en ruban à profil en
point d'interrogation et bords renforcés;
fixation au moyen de rivets. Ergon,
1965, fig. 112; G. Daux, op. cit., p.

809 et fig. 23; Sp. Marinatos, op. cit.,
fig. 24.

101. Tasse basse en or: Musée de
Chora, n° 2633. D. 15. Fond circulaire
orné de cercles concentriques ciselés;
lèvre évasée; paroi décorée d'une frise
de spirales enchaînées repoussées, limitée en bas par 2 bourrelets horizontaux saillants; anse en ruban à profil en
point d'interrogation décorée d'une bande longitudinale médiane en relief; fixation au moyen de rivets. Ergon, 1965,
fig. 110; G. Daux, op. cit., p. 809 et
fig. 21; Sp. Marinatos, op. cit., fig.
22.

V. KALAMATA[9]

102. Canthare en or: (figs. 42-43):
Athènes, Musée national, n° 7381.
P. 337, 5. Base plate; paroi sans décor;
2 anses en ruban dressées dont les
bords sont repliés et les extrémités
terminées en 2 spirales divergentes;
fixation au moyen de 2 rivets.
103. Canthare en or: Athènes, Musée
national, n° 7382. P. 62, 5. Vase de
forme identique à 102, mais à paroi
plus mince et sans anses.
104. Canthare en or: Athènes, Musée
national, n° 7383. P. 55, 5. Vase identique à 103.

VI. MARATHON

Tombe à tholos
105. Tasse basse en or: Athènes,
Musée national, n° 6441. Vase et anse
faits d'une seule feuille de métal; base
circulaire saillante; bord droit; paroi
sans décor; anse en ruban à profil en
point d'interrogation, décorée de 2 nervures longitudinales[10]. A.J.A., 39,

1935, p. 133; Bossert, fig. 158.

VII. PHARAI

Tombe B

106. **Coupe à pied en argent**: D. 13, 7.
Paroi décorée d'une frise de boucliers
en 8 en relief, séparés entre eux par
des cercles repoussés; pied et base
manquants. Ergon, 1956, p. 88; N.S.
Zaphiropoulos, Ἀνασκαφικαὶ ἔρευναι
εἰς περιφέρειαν Φαρῶν Ἀχαΐας, dans
Praktika, 1956, p. 195, n° 6 et pl. 88,
β ; E. T. Vermeule, The Mycenaeans
in Achaia, dans A. J. A., 64, 1960, p.
12 et note 11("...probablement conservée au Musée national d'Athènes. ");
D. E. Strong, Greek and Roman Gold
and Silver Plate, Londres, 1966, p. 51.

VIII. MYRSINOCHORION-ROUTSI

Tombe à tholos n° 2

107. Vase en argent à l'état de fragments: Athènes, Musée national, n°
8348 et 8352[11]. G. Daux, Chronique...
1956, dans B. C. H. , 81, 1957, p. 562;
Sp. Marinatos, Excavations near Pylos,
1956, dans Antiquity, 31, 1957, p. 100.

IX. BERBATI

Tombe à tholos

108. Fragments de tasse basse en argent: -fragment de lèvre horizontale recouverte d'une couronne d'or, où figure
au repoussé une rangée de spirales.
-anse en ruban à profil en point d'interrogation, recouverte d'une feuille d'or
décorée au repoussé: 4 nervures longitudinales médianes, entourées de deux
rangées de spirales; attache inférieure
fixée par un rivet à un fragment de pa-

roi. A.J.B. Wace, A New Mycenaean
Beehive Tomb. Discoveries at Berbati
near Mycenae..., dans I.L.N., 15-2-
1936, p. 278 et figs. 9 et 11.

X. MENIDI

Tombe à tholos
109. Fragments de vase en argent:
H. Gropengiesser, Die Gräber von At-
tika der vormykenischen und mykenischen Zeit, I, Athènes, 1907, p. 13.

XI. SPATA

Grande tombe à chambre
110. Fragments de vase en argent:
H. Gropengiesser, op. cit., p. 10.

XII. ANO ENGLIANOS

Propylon du palais
111. Fragments incrustés: Athènes,
Musée national, n° 7842. 11 fragments
en argent incrustés d'or et de nielle et
représentant des têtes humaines barbues vues de face (H. 1, 8-2; l. 1, 4-
1, 3); un des fragments porte une tête et
présente en outre une cavité destinée à
en recevoir une seconde. C.W. Blegen,
The Palace of Nestor Excavations of
1954, dans A.J.A., 59, 1955, p. 32 et
pl. 23, 3; Id. et M. Rawson, The Palace
of Nestor at Pylos in Western Messenia,
I, Princeton, 1966, pp. 57-58 et fig.
261; Marinatos-Hirmer, pl. 204, en
bas; Buchholz-Karageorghis, n° 1107;
Laffineur, n° 25a.
112. Fragments incrustés: Athènes,
Musée national, n° 7843. 9 fragments
en argent incrustés de motifs de foliate
band en or. C.W. Blegen et M. Rawson,
op. cit., fig. 262; Laffineur, n° 25b.

113. <u>Fragments en argent</u>: Athènes, Musée national. Fragments de fond, de bord et d'anse. C. W. Blegen et M. Rawson, <u>op. cit.</u>, fig. 263.

XIII. PROVENANCE INCONNUE

114. <u>Coupe à pied en or, dite "coupe aux chiens"</u>: (fig. 44): Athènes, Musée Benaki, n° 1160. H. 10, 5. Lèvre évasée; vasque hémisphérique décorée de 3 chiens courant, exécutés au repoussé; haut pied cylindrique à base en cône très aplati; anse en ruban à profil en point d'interrogation, à bords rabattus vers l'intérieur, décorée d'une rangée longitudinale médiane de feuilles de lierre ciselées; fixation au moyen de 3 rivets (2, 1). P. Lemerle, <u>Chronique</u>... 1938, dans <u>B. C. H.</u>, 62, 1938, p. 448 et pl. XLVII, B; <u>Archäologische Funde vom Herbst 1938 bis Frühjahr 1939</u>, dans <u>A. A.</u>, 1939, col. 225 et fig. 4, cols. 231-232[12].

115. <u>Coupe à pied en or</u>: (figs. 45-46): Bruxelles, Musées Royaux d'Art et d'Histoire, n° A 2249. H. 10, 5; D. 8, 5; E. 0, 025. Vase constitué de 2 parties soudées, pied et vasque; haut pied cylindrique à profil légèrement concave, constitué d'une feuille de métal rectangulaire enroulée et soudée bord à bord; base aplatie en forme de disque; partie supérieure du pied terminée par un bourrelet horizontal saillant orné de chevrons ciselés; lèvre évasée; vasque hémisphérique décorée d'une scène au repoussé: lion poursuivant un cerf; le haut de la vasque montre 2 trous de rivets superposés; à côté du vase, dans la même vitrine, une anse en ruban à une extrémité trouée et terminée en V; décor de l'anse: 4 nervures longitudina-

les parallèles et une rangée de bossettes. Bossert, fig. 69; Ch. Delvoye, La
coupe en or préhellénique des Musées
Royaux d'Art et d'Histoire, dans Bulletin des Musées Royaux d'Art et d'Histoire, 1941, pp. 85-92.

116. Coupe à pied en or: (fig. 47):
Londres, British Museum, n° 820.
H. 7,1; D. 8,4; P. 1108. Base renforcée par une plaque de bronze; pied de
hauteur moyenne; vasque sensiblement
hémisphérique, sans décor; lèvre évasée; anse en ruban en argent, plaquée
d'or, à profil en point d'interrogation et
décorée de 3 rainures longitudinales;
bords ornés de petites stries ciselées;
fixation au moyen de 4 rivets (3,1) en
or. F.H. Marshall, Catalogue of the
Jewellery, Greek, Etruscan and Roman
in the British Museum, Londres, 1912,
n° 820; R.A. Higgins, The Greek
Bronze Age, Londres, 1970, pl. 12a.

117. Canthare en or: New York, Metropolitan Museum of Art, n° 07.286.126.
H. 2 7/8 inches. Base circulaire plate;
2 hautes anses en ruban à bords renforcés, décorées de motifs de fougères repoussés. G.M.A. Richter, The Metropolitan Museum of Art, Handbook of the
Greek Collection, Cambridge, 1953, p.
16 et pl. 11h.

118. Anses en ruban en or: New York,
Metropolitan Museum of Art, n°
07.286.128 a et b. 2 anses en ruban à
bords repliés, fixées à des fragments
de paroi par des rivets. G.M.A. Richter, op. cit., p. 16 et pl. 11g.

tional, n° 390). D'après Karo, Schachtgräber, pl. CXII.

Fig. 14- Idem. D'après Karo,
Schachtgräber, pl. CXIII.

Fig. 15- cat. 24 (Athènes, Musée national, n° 440). D'après Karo, Schachtgräber, pl. CVIII.

Fig. 16- cat. 25 (Athènes, Musée national, n° 511). D'après Karo, Schachtgräber, fig. 40.

Fig. 17- cat. 26 (Athènes, Musée national, n° 273). D'après Marinatos-
Hirmer, fig. 176.

Fig. 18- cat. 27 (Athènes, Musée national, n° 384). D'après Karo, Schachtgräber, pl. CXIX.

Fig. 19- cat. 29 (Athènes, Musée national, n° 481). D'après Fr. Matz, Le
monde égéen, Troie, Crète, Mycènes,
Paris, (1956), pl. 94.

Fig. 20- cat. 30 (Athènes, Musée national, n° 391). Photographie prise au
Musée.

Fig. 21- cat. 39 (Athènes, Musée national, n° 605). D'après Karo, Schachtgräber, pl. CXXIX.

Fig. 22- cat. 42 (Athènes, Musée national, n° 627). Photographie prise au
Musée.

Fig. 23- cat. 43 (Athènes, Musée national, n° 628). D'après Karo, Schachtgräber, pl. CXXIV.

Fig. 24- cat. 45 (Athènes, Musée national, n° 630). D'après Karo, Schachtgräber, pl. CXXIII.

Fig. 25- cat. 54 (Athènes, Musée national, n° 656). D'après Karo, Schachtgräber, pl. CXXVI.

Fig. 26- cat. 56 (Athènes, Musée national, n° 855). D'après Karo, Schachtgräber, pl. CXXXIV.

Fig. 27- cat. 66 (Athènes, Musée national, n° 909a). D'après Karo,

Schachtgräber, pl. CXXXV.

Fig. 28- cat. 67 (Athènes, Musée national, n⁰ 8621). D'après G. E. Mylonas, Ancient Mycenae, Princeton, 1957, fig. 71.

Fig. 29- cat. 68 (Athènes, Musée national). D'après G. E. Mylonas, op. cit., fig. 69.

Fig. 30- cat. 70-73 (Athènes, Musée national, n⁰ 957-960). D'après B.S.A., 39, 1938-1939, pl. 26, a.

Fig. 31- Idem. D'après Marinatos-Hirmer, fig. 189.

Fig. 32- cat. 70 (Athènes, Musée national, n⁰ 957). Photographie prise au Musée.

Fig. 33- cat. 74 (Athènes, Musée national, n⁰ 961). D'après B.S.A., 39, 1938-1939, pl. 27, a.

Fig. 34- cat. 75 (Athènes, Musée national, n⁰ 2489). D'après Bossert, figs. 153-155.

Fig. 35- cat. 80 (Athènes, Musée national). D'après Persson, Royal Tombs, pl. XVI.

Fig. 36- cat. 81 (Athènes, Musée national, n⁰ 7341). D'après Marinatos-Hirmer, fig. 196.

Fig. 37- Idem. D'après Persson, Royal Tombs, pl. XI.

Fig. 38- cat. 83 (Athènes, Musée national, n⁰ 7336). D'après Persson, Royal Tombs, pl. XIV.

Fig. 39- cat. 87 (Athènes, Musée national). D'après Persson, New Tombs, pl. IV.

Fig. 40- cat. 88 (Athènes, Musée national). D'après Persson, New Tombs, pl. VI, 2.

Fig. 41- cat. 89 (Athènes, Musée national). D'après Persson, New Tombs, frontispice.

Fig. 42- cat. 102 (Athènes, Musée

national, n° 7381). Photographie prise au Musée.

Fig. 43- Idem. Photographie prise au Musée.

Fig. 44- cat. 114 (Athènes, Musée Benaki, n° 1160). D'après B.C.H., 62, 1938, pl. XLVII, B.

Fig. 45- cat. 115 (Bruxelles, Musées Royaux d'Art et d'Histoire, n° A 2249). Copyright ACL Bruxelles.

Fig. 46- Idem. Copyright ACL Bruxelles.

Fig. 47- cat. 116 (Londres, British Museum, n° 820). D'après R.A. Higgins, The Greek Bronze Age, Londres, 1970, pl. 12, a.

Les photographies des figs. 10, 20, 22, 32, 42 et 43 sont reproduites avec l'autorisation de Monsieur N. Yalouris , directeur du Musée national d'Athènes.

TABLE DES MATIERES

NOTES

INTRODUCTION

1. La littérature consacrée à la vaisselle en métal précieux est assez ré-
duite, comme du reste celle qui concerne les autres branches des arts industriels à l'époque mycénienne. On dispo-
se tout d'abord des chapitres traitant de
l'orfèvrerie dans les ouvrages généraux
sur l'art égéen, depuis ceux de Schliemann (Mycènes) et de Perrot et Chipiez
(Histoire de l'art, VI), jusqu'à ceux
plus récents de Charbonneaux (J. Charbonneaux, L'art égéen, Paris, 1929) et
de Marinatos (Marinatos-Hirmer). Ils
ne nous offrent qu'une présentation des-
criptive des principales pièces. On peut
encore se reporter à des volumes généraux consacrés à l'orfèvrerie (G. Be-
catti, Oreficerie antiche dalle minoiche
alle barbariche, Rome, 1955), mais ils
étudient tous les types de pièces et couvrent plusieurs périodes. Il en est de
même de l'ouvrage de D. E. Strong
(Greek and Roman Gold and Silver
Plate, Londres, 1966), qui envisage
spécialement la vaisselle en métal précieux mais dans lequel l'époque mycénienne n'occupe que quelques pages. Enfin, les publications de fouilles constituent de précieux ouvrages fondamen-
taux: parmi elles, il faut citer la publication du cercle A des tombes à fosse de
Mycènes (Karo, Schachtgräber) et celles
des tombes de Dendra (Persson, Royal
Tombs et New Tombs). Pour les articles traitant spécialement d'un vase ou
d'un ensemble, on renverra à la bibliographie reprise dans le catalogue à la
suite de la description de chaque pièce.

Nous voulons exprimer toute notre gra-
titude à MM. L. Lacroix, Professeur à
l'Université de Liège, et T. Hackens,
Professeur à l'Université de Louvain,
dont les conseils et les remarques nous
ont été d'un précieux secours.

2. R Oğuz Arık , Les fouilles d'Alaca
Höyük, Ankara, 1937, pp. CLXIX et
CLXXI. Voir aussi les planches en cou-
leurs dans E. Akurgal, Die Kunst der
Hethiter, Munich, (1961), pls. 14-17 et
V-VI.

3. H. Schmidt, Heinrich Schliemann's
Sammlung trojanischer Altertümer,
Berlin, 1902, pp. 299-300; Fr. Matz,
Le monde égéen, Troie, Crète, Mycènes, Paris, (1956), pl. 5. Voir aussi
les vases de type apparenté de la collection N. Schimmel (éd. O. W. Muscarel-
la, Ancient Art. The Norbert Schimmel
Collection, Mayence, (1974), n° 1-4).

4. S. Lloyd, Early Highland Peoples
of Anatolia, Londres, (1967), fig. 21.

5. C. Renfrew, Cycladic Metallurgy
and the Aegean Early Bronze Age, dans
A.J.A., 71, 1967, p. 6 et pl. 10, n°
17; D. E. Strong, op. cit., fig. 3b;
Buchholz-Karageorghis, n° 1077.

6. G. M. A. Richter, The Metropolitan
Museum of Art, Handbook of the Greek
Collection, Cambridge, 1953, p. 16 et
pl. 11 i.

7. B. Segall, Museum Benaki Athen.
Katalog der Goldschmiedearbeiten, A-
thènes, 1938, pp. 11-14 et pls. 1-3,
p. 211 et pls. 67-68, p. 212 et pl. 69;
Buchholz-Karageorghis, n° 1079-1081.

8. V. Gordon Childe, A Gold Vase of
Early Helladic Type, dans J. H. S., 44,
1924, pp. 163-165; Buchholz-Karageorghis, n° 1082.

9. S. S. Weinberg, A Gold Sauceboat
in the Israel Museum, dans A. K., 12,

1969, pp. 3-8.

10. Blegen, Korakou, pp. 15-19. La correspondance entre les formes métalliques et céramiques est clairement indiquée pour le Bronze ancien dans C. Renfrew, The Emergence of Civilisation. The Cyclades and the Aegean in the Third Millenium B.C., Londres, (1972), pl. 19.

11. Evans, P.M., I, figs. 181, 182 a et b et pl. II.

12. Evans, P.M., IV, figs. 63-65 et pl. XXX A, 1.

13. O. Montelius, La Grèce préclassique, I, Stockholm, 1924, pls. 59, 9; 62, 3; 65, 1 et 67, 1; Evans, P.M., IV, figs. 102 et 104-105.

14. O. Montelius, op. cit., pls. 59, 9; 60, 4; 64, 3.

15. Evans, P.M., II., fig. 311b (vase de Marseille); L. Pernier, Il palazzo minoico di Festos, I, Rome, 1935, pl. XXVIIb.

16. R.B. Seager, Explorations in the Island of Mochlos, Boston et New York, 1912, p. 52 et fig. 22, n° VI, 8.

17. Evans, P.M., I, fig. 139; Buchholz-Karageorghis, n° 1083; H.Z. Kosay et M. Akok, The Pottery of Alaca Hüyük, dans A.J.A., 51, 1947, fig. 4 p. 156 et pl. XXXVIIc.

18. Chr. Zervos, L'art de la Crète néolithique et minoenne, Paris, (1956), fig. 435.

19. Evans, P.M., II, fig. 211.

20. L. von Matt, St. Alexiou, N. Platon et H. Guanella, Ancient Crete, Londres, (1968), pl. 171.

21. G. Daux, Chronique...1966, dans B.C.H., 91, 1967, p. 792, fig. 20.

22. F. Bisson de la Roque, G. Contenau et F. Chapouthier, Le Trésor de Tôd, Le Caire, 1957, pp. 21-35 et pls.

V-XXXVIII.

23. R. A. Higgins, The Aegina Treasure Reconsidered, dans B.S.A., 52, 1957, pp. 54-56 et pl. 14. Pour les vases en métal précieux du Bronze ancien et moyen en général, voir aussi K. Branigan, Aegean Metalwork of the Early and Middle Bronze Age, Oxford, 1974, pp. 47-50.

CHAPITRE 1: les formes

1. Karo, Schachtgräber, pp. 224-238.
2. D. E. Strong, op. cit., p. 35.
3. Ce n'est pas le cas de la typologie exclusivement formelle utilisée par Furumark (M. P., pp. 18-79).
4. Infra, p. 13 .
5. O. Montelius, La Grèce préclassique, I, Stockholm, 1924, pls · 55, 1 et 3 (Gournia) et 57, 1 et 4 (Palaikastro); Evans, P.M., I, fig. 76 (Mochlos).
6. O. Montelius, op. cit., pl. 60, 3 et 11 (Vasiliki); Evans, P.M., I, fig. 136, e, 1 et q (Cnossos).
7. Evans, P.M., I, fig · 192, e (Phaestos); O. Montelius, op. cit., pl. 68, 5 (Gournia) et 10 (Zakro).
8. Evans, P.M., I, fig. 434, a et II, fig. 206, d (Cnossos).
9. O. Montelius, op. cit., pl. 74, 7 (Gournia).
10. P. Warren, Minoan Stone Vases, Cambridge, 1969, figs. P 236 et D 147.
11. G. M. A. Richter, op. cit., pl. 8, d.
12. P. Warren, op. cit., figs. P 256, 259, et 261 et D 154-157.
13. H. W. Catling, Cypriot Bronzework in the Mycenaean World, Oxford, 1964, p. 179 et fig. 21, 2.
14. Blegen, Korakou, pp. 25 et 34 et pl. III, 4 et 6; Blegen, Prosymna, pl.

7, fig. 39, n⁰ 588 et fig. 43, n⁰ 577.

15. Blegen, Korakou, figs. 54-55 (HR I) et pl. IV, 2 (HR II); Blegen, Zygouries, fig. 130, 1.

16. Furumark, M.P., p. 55 et fig. 15.

17. Au contraire, un gobelet cylindrique en bois de Dendra, recouvert d'une feuille de bronze (Persson, Royal Tombs, fig. 31) possède une anse fixée à mi-hauteur; il constitue, par rapport aux gobelets en métal précieux, une étape ultérieure de l'évolution.

18. Ces tombes sont datées respectivement du début ou du milieu du XVIe siècle (G. Daux, Chronique...1965, dans B.C.H., 90, 1966, p. 810) et des environs de 1500 (Marinatos-Hirmer, pp. 168-169). Quant au gobelet de la tholos de Dendra, sa datation vers 1500 ne suscite pas d'objection (Persson, Royal Tombs, p. 54), même si la date de la tombe elle-même est sujette à controverses (Persson, Royal Tombs, p. 24; G.E. Mylonas, Mycenae and the Mycenaean Age, Princeton, 1966, pp. 119-120 et 127). Pour la datation de la tombe de Peristeria, voir en dernier lieu, O. Pelon, Sur deux tholoi de Messénie, dans B.C.H., 98, 1974, pp. 37-50.

19. A.S. Murray, A.H. Smith et H. B. Walters, Excavations in Cyprus, Londres, 1910, p. 17 fig. 34 et p. 54; F.H. Marshall, Catalogue of the Jewellery, Greek, Etruscan and Roman in the British Museum, Londres, 1912, n⁰ 821 (pl. LXXIII).

20. J. Vercoutter, L'Egypte et le monde égéen préhellénique, Le Caire, 1956, n⁰ 231-232.

21. J. Vercoutter, op. cit., n⁰ 233.

22. J. Vercoutter, op. cit., n⁰ 234.

23. A propos du caractère conventionnel des couleurs utilisées et de leur signification, voir J. Vercoutter, op. cit., p. 306.

24. Comparer à ce point de vue le gobelet 94 et le n° 231 dans J. Vercoutter, op. cit. Les bandes jaunes visibles sur l'anse de ce dernier rappellent en outre les bordures en or de l'anse en argent de Mycènes (69) que l'on aurait, pour les rendre apparentes, rabattues sur la tranche des deux lames de l'anse, selon une convention habituelle du dessin égyptien; il est en effet difficile d'imaginer une incrustation faite sur une surface aussi étroite que cette tranche. A propos de la valeur de témoignage des peintures égyptiennes, on notera que la correspondance entre les objets représentés et les objets réels n'est pas toujours aussi précise que dans le cas présent: ainsi, les rhytons en forme de tête d'animal, pourtant apparemment bien observés, ne reproduisent pas scrupuleusement la réalité (voir à ce propos R. Laffineur, Le rhyton égéen en forme de tête de chien des Musées Royaux d'Art et d'Histoire, dans Bulletin des Musées Royaux d'Art et d'Histoire, 45, 1973, pp. 291-300).

25. Furumark, M.P., pp. 622-623 et fig. 15.

26. La tombe de Senenmout est datée du règne de la reine Hatshepsout (1488-1468), celle d'Ouseramon de la première moitié du règne de Tutmosis III (1468-1438), celle de Menkheperesseneb de la seconde moitié du règne du même roi et du début de celui d'Amenophis II (1438-1412) (J. Vercoutter, op. cit., p. 202; les dates sont reprises à E. Hornung, Grundzüge der ägyptischen Geschichte, Darmstadt, 1965). La date

supérieure peut être légèrement remon- tée si l'on admet que la tombe d'Ouse- ramon est la copie d'une tombe de l'é- poque de Tutmosis I (1506-1494) (J. Vercoutter, op. cit., pp. 410-411).

27. Quant aux gobelets plus hauts et plus évasés figurés sur les tableaux du temple funéraire de Ramsès III à Medi- net Habu et de la tombe d'Imiseba, con- temporain de Ramsès IX (J. Vercoutter, op. cit., n° 237-238 et 241), il semble qu'il s'agisse, étant donné la date ré- cente (1184-1153 et 1127-1109), d'une interprétation égyptienne tardive de la forme égéene originale. Une de ces pièces est en argent incrusté d'or.

28. Karo, Schachtgräber, p. 225.

29. Ibidem.

30. Karo, Schachtgräber, p. 122. Le bord du vase a conservé les trois rivets de fixation de l'attache supérieure de l'anse primitive et l'anse de remplace- ment est de ce fait fixée un peu plus bas que de coutume.

31. Furumark, M.P., fig. 24.

32. Ibidem.

33. Blegen, Zygouries, pls. IV, 4-5 et VI, 5-6.

34. Evans, P.M., I, fig. 184, b.

35. Blegen, Zygouries, pl. XIII, 1-2 et fig. 100, 1, 3 et 5 (HA); ces derniers sont les exemples les plus convaincants, avec imitation de têtes de rivets. Voir aussi Blegen, Prosymna, pl. 7, fig. 43, n° 572 (HM).

36. Blegen, Korakou, figs. 53, n° 6, 54 et 62, n° 11.

37. Furumark, M.P., p. 92 et fig. 24.

38. Supra, p. 11.

39. Evans, P.M., I, fig. 183, b1 et III, fig. 121.

40. R.B. Seager, Explorations in the

Island of Mochlos, Boston et New York, 1912, fig. 31, XII f.

41. F. Bisson de la Roque, G. Contenau et F. Chapouthier, Le Trésor de Tôd, Le Caire, 1953, pl. XXXI.

42. C'est le cas aussi du vase en terre cuite de Nienhagen (Saxe). Datée du Bronze moyen, cette pièce est certes de technique plus grossière, mais elle présente la forme du gobelet et son anse est de type Vaphio (M. Mötefindt, Eine neue Parallele zu den Bechern von Mykenä und Vaphio, dans A.A., 1912, cols. 99-104; Evans, P.M., II, p. 175 et fig. 89).

43. D. E. Strong, op. cit.; A. J. B. Wace, Chamber Tombs at Mycenae, Oxford, 1932 (tea cup).

44. Higgins (bowl).

45. Dans la littérature de langue anglaise en général et en particulier chez Evans (shallow cup).

46. Furumark, M.P. (shallow semi-globular cup).

47. A. J. B. Wace, op. cit. (shallow saucer).

48. Karo, Schachtgräber, p. 227 (flache Tassen). Il faut noter que l'on ne retiendra pas ici les assiettes en or dites mycéniennes (A. Parrot, Acquisitions et inédits du Musée du Louvre, dans Syria, 41, 1964, pp. 240-250): leur forme n'a pas d'équivalent sur le continent grec, leur origine est tout à fait extérieure au domaine mycénien proprement dit et leur décor s'écarte assez sensiblement du style égéen.

49. Nous mentionnons cette dernière car elle a la lèvre horizontale recouverte d'une couronne d'or.

50. On notera que les deux variétés de tasses basses correspondent aux deux variantes du type céramique 237 de Fu-

rumark, la forme ouverte et la forme fermée. D'autre part, on signalera qu' un vase en terre cuite de Hongrie constitue de toute évidence la réplique plus ou moins exacte des tasses du type de Dendra (J. Makkay, Remarks to the Archaeology of the Relations between Crete-Mycenae and Central Europe, dans Atti e memorie del primo congresso internazionale di micenologia, Rome, 1968, pp. 95-96 et pl. III, 6).

51. Furumark, M.P., p. 97.

52. Furumark (M.P., p. 80) définit comme suit la lèvre: bord formant une partie structurale séparée. On parlera donc de lèvre horizontale, de lèvre évasée, mais de bord droit.

53. La lèvre évasée de la tasse 87 présente en outre une allure ondulée, formant plusieurs lobes; il s'agit d'une forme d'origine crétoise (Chr. Zervos, op. cit., figs. 281, 313, 347, 348, 357).

54. Elle correspond au type métallique S-curved de Furumark (M.P., fig. 24).

55. Un type d'anse semblable se rencontre sur un gobelet figuré dans les tableaux du Trésor de Tutmosis III au temple d'Amon à Karnak (J. Vercoutter, op. cit., nº 235).

56. O. Montelius, op. cit., pl. 34, 1; R.B. Seager, op. cit., fig. 26, A (un des vases possède une anse non rapportée, l'autre est sans anse).

57. Evans, P.M., II, fig. 221, b et c (anse haute, base saillante, lèvre horizontale), a (base saillante, décor de spirales repoussées, pas d'anse), d (sans anse, sans décor et sans base marquée).

58. M.S.F. Hood, Another Warrior-Grave at Ayios Ioannis near Knossos,

dans B.S.A., 51, 1956, pl. 13; Higgins,, fig. 181 (base saillante, anse non rapportée, décor de spirales).

59. A.J. Evans, The Prehistoric Tombs of Knossos, Londres, 1906, p. 39 et pl. LXXXIX, b (diamètre 35 cm, anse et lèvre horizontale décorées); Evans, P.M., figs. 395, A-C (base saillante, lèvre horizontale); 402-405 et 407, d (diamètre 39 cm, base saillante, anse et lèvre horizontale décorées); 402 et 407, a (base saillante, anse non rapportée, pas de décor); 407, c et 409, a (diamètre 32 cm, base saillante, anse et lèvre horizontale décorées). A propos d'un exemplaire de Mallia, Sp. Marinatos a montré que ces bassins étaient la plupart du temps associés à des aiguières; il propose d'y voir l'équivalent du Χέρνιβον homérique, bassin destiné au lavement des mains (Sp. Marinatos, Le chernibon homérique dans la civilisation créto-mycénienne, dans B.C.H., 53, 1929, pp. 365-381 et pl. XXIII). La même utilisation ne peut toutefois être envisagée pour les spécimens en métal précieux de petites dimensions.

60. Karo, Schachtgräber, nº 170 et pl. CLXIV, sans nº. Ces deux pièces sont pourvues d'autre part d'un bec latéral. Karo rejette avec raison l'interprétation de ces vases comme étant des lampes (Schachtgräber, p.227).

61. A.J.B. Wace, op.cit., pls.I, nº 40, II,, nº 4, 5, 7, XXXIII, nº 12, XLIV, nº 41: ces pièces possèdent une base saillante, une lèvre horizontale et une anse en ruban haute; l'une d'elles porte une pastille d'argile à l'attache supérieure de l'anse, elle remonte donc clairement à un prototype métallique. Voir aussi Blegen, Prosymna, figs. 677, nº 27 et

679 et J. Servais, <u>Vases mycéniens de Thorikos au Musée de Genève,</u> dans <u>Thorikos, 1966-1967, rapport préliminaire sur la quatrième campagne de fouilles,</u> Bruxelles, 1969, pp. 62-65 et figs. 30-31.

62. Si la tasse de type 237 se prolonge jusqu'à l'HR IIA, une forme plus profonde apparaît toutefois à la même époque (Furumark, <u>M.P.</u>, fig. 13, types 218-219); elle s'éloigne de plus en plus du type métallique.

63. Ces documents proviennent d'ensembles datés de l'HR I ou des environs de 1500 (<u>supra</u>, note 18). La tasse de la tholos de Marathon appartiendrait plutôt à l'HR II (date donnée à la tombe dans P. Ålin, <u>Das Ende der mykenischen Fundstätten auf dem griechischen Festland,</u> Lund, 1962, p. 110).

64. Persson, <u>Royal Tombs,</u> pp. 45 et 48.

65. G.E. Mylonas, <u>op. cit.</u>, pp. 127 et 129.

66. Il faut même considérer le décor de la tasse aux poulpes comme un des sommets du style marin crétois. D'autre part, la présence au bord supérieur de la composition d'une zone rocheuse semblable à celle qui limite la partie inférieure est un trait propre à l'art minoen.

67. A.J. Evans, <u>op. cit.</u>, fig. 140 (anse en argent de la tombe royale d'Isopata); Evans, <u>P.M.</u>, fig. 451 (vase à anse semblable, représenté sur la "fresque de la procession" du palais de Cnossos).

68. Karo, <u>Schachtgräber,</u> n° 600 et 854.

69. A.J.B. Wace, <u>op. cit.</u>, pl. II, n° 39. La pièce présente une forme identique à celle des tasses basses du type de

Dendra: base saillante, lèvre évasée, anse haute, mêmes proportions.

70. Chr. Zervos, op. cit., fig. 466; Buchholz-Karageorghis, nº 1149. Ce document, daté du MR I, est le seul qui montre une rangée de sacral ivy enchaînés en tous points identiques à celle des vases de Dendra. Au contraire, les enchaînements de feuilles de lierre de la céramique HR IIB et HR III sont sensiblement différents (Furumark, M.P., fig. 36, nº 31-37).

71. L'explication imaginée par Persson pour rendre compte de l'écart chronologique séparant la tasse aux poulpes du contexte où elle a été trouvée paraît tout à fait admissible. Fabriquée en Crète au début du Bronze récent, la tasse est conservée dans un trésor jusqu'à ce qu'un prince de Midea-Dendra s'en empare lors d'un raid sur l'île; ce prince meurt après 1400 et le vase est déposé dans sa tombe.

72. C.F⌊A. Schaeffer, Enkomi-Alasia, nouvelles missions en Chypre, 1948-1950, Paris, 1952, pp. 379-388 et pl. CXVI. La pièce n'a pas été reprise dans le catalogue, car elle a été trouvée hors du domaine mycénien proprement dit.

73. S.C.E., IV, 1c, figs. 46g-58 et pls. LXXIX-LXXXVI (pour la chronologie, voir S.C.E., IV, 1d, p. 700). Un bol hémisphérique en or du CR IIc-III présente aussi la même forme (S.C.E., I, pl. LXXXVII).

74. Persson, Royal Tombs, pl.XXXI.

75. Blegen, Prosymna, fig. 610.

76. Ἀρχ.Ἐφ. 1889, pl. 9, 28.

77. A.J. Evans, op. cit., figs. 33, c et 100, g.

78. Persson, Royal Tombs, pp. 49-50.

79. C. F. A. Schaeffer, op. cit., pp. 128 et 380-381.

80. H. W. Catling, op. cit., p. 46.

81. Infra, pp. 80-81.

82. Ch. Picard, De Midéa à Salamis de Chypre: à propos de deux coupes d'or et d'argent, dans Γέρας 'Αντ. Κεραμοπούλλου, Athènes, 1953, pp. 1-16.

83. V. Karageorghis, Treasures in the Cyprus Museum, Nicosie, 1962, p. 24; Buchholz-Karageorghis, p. 158, n° 1684.

84. Furumark, M. P. stemmed cup.

85. Karo, Schachtgräber (Becher mit Fuss).

86. Comme les vases de style éphyréen, les formes primitives à pied bas de l'HM sont parfois appelées aussi gobelets. On ne peut faire une nette distinction entre ce terme et celui de coupe à pied, car les deux variétés de vases ainsi dénommées procèdent l'une de l'autre et la limite entre les deux ne peut être fixée de manière précise.

87. Une de ces pièces (92) a la forme des coupes à pied bas, mais, par ses dimensions, elle s'apparente plutôt aux cratères.

88. Furumark, M. P., fig. 16.

89. Blegen, Korakou, fig. 20; Blegen, Prosymna, figs. 59, n° 55 et 45, n° 9.

90. Blegen, Korakou, fig. 56.

91. O. Montelius, op. cit., pl. 90, n° 11-12. La même forme est attestée dans la céramique de Camarès (O. Montelius, op. cit., pls. 62, 3 et 67, 1), mais cela ne peut en rien constituer un élément en faveur de l'origine crétoise de ce type de vases, car ces exemples du MM II sont dépourvus de pied et l'on sait que la prédilection pour les vases montés sur pied est une caractéristique

141

de la céramique helladique.

92. Le n⁰ 20 est d'allure particulière: il fait penser à une tasse basse du type de Dendra à laquelle on aurait ajouté un pied.

93. Karo, Schachtgräber, n⁰ 600 et 854; Buchholz-Karageorghis, n⁰ 1152-1155. Le même type de vase est représenté également sur un chaton de bague en or de Tirynthe (Evans, P.M., IV, fig. 329, a).

94. Karo, Schachtgräber, p. 236; D.E. Strong, op. cit., p. 39.

95. Sp. Marinatos, Der "Nestor-becher" aus dem IV. Schachtgrab von Mykenae, dans Neue Beiträge zur klassischen Altertumswissenschaft, Festschrift zum 60. Geburtstag von B. Schweitzer, (Stuttgart et Cologne, 1954), p. 17 et fig. 1.

96. Infra, p. 30.

97. Furumark, M.P., fig. 16.

98. Elles appartiennent du reste à des ensembles datés des débuts de l'époque mycénienne, cercle A et Trésor de l'acropole de Mycènes(ce dernier est attribué à l'extrême début de l'HR II: H. Thomas, The Acropolis Treasure from Mycenae, dans B.S.A., 39, 1938-1939, pp. 85-87).

99. Furumark, M.P., p. 99. Un seul type du Mycénien IIIA possède encore un pied en diabolo: Furumark, M.P., fig. 16, type 255.

100. Evans, P.M., II, pp. 10-12 et figs. 3, m, 4, 19, a et b; IV, pp. 363 sv. Contra, voir Furumark, M.P., pp. 57 et 59, note 7. Pour les coupes à pied du Minoen récent, voir M. Popham, The Late Minoan Goblet and Kylix, dans B.S.A., 64, 1969, pp. 299-304. On connaît aussi, à la même époque, des coupes à pied en bronze ou en argent

(A. J. Evans, op. cit. , fig. 139 et pl.
LXXXIX; R. W. Hutchinson, A Late Minoan Tomb at Knossos, dans B.S.A. ,
51, 1956, pp. 66-73, pl. 8, a et b et
fig. 3, n⁰ 14). D'autre part, les vases
montés sur pied sont également attestés
dans la vaisselle cycladique (Buchholz-
Karageorghis, n⁰ 848-850 et 1136-1139).

101. Karo, Schachtgräber, p. 236.

102. Blegen, Korakou, pp. 15 sv.;
Buchholz-Karageorghis, n⁰ 879-881 et
884.

103. Pour l'évolution des coupes à
pied à l'HR, voir Furumark, M. P. , pp.
59-64.

104. Blegen, Zygouries, figs. 116-
117.

105. Furumark, M. P. , p. 58.

106. Evans, P. M. , IV, fig. 304, a.

107. Supra, p. 26.

108. Persson, New Tombs, figs. 103
et 117.

109. Persson, New Tombs, p. 135.

110. Persson (New Tombs, p. 137)
donne des arguments supplémentaires:
l'anse haute de la coupe aux oiseaux (89)
et du vase qui l'imite est typiquement
métallique et la série céramique porte
une couverte grise destinée à lui donner
l'apparence de l'argent.

111. S. A. Immerwahr, Imitation Metal Vases from Mycenaean Tombs, dans
A.J.A. , 67, 1963, pp. 212-213; Id. ,
The Use of Tin on Mycenaean Vases,
dans Hesperia, 35, 1966, pp. 381-396
et pls. 92-93; M. Pantelidou, Ἐπικασσι-
τερωμένα ἀγγεῖα ἐξ ᾿Αθηνῶν , dans
A.A.A. , 4, 1971, pp. 433-438. La pellicule d'étain était sans doute fixée à
l'argile du vase au moyen de cire
(A.J.A. , 67, 1963, p. 381). De telles a-
nalyses n'ayant été pratiquées que depuis quelques années, on peut penser

que les vases à couverte d'étain étaient
en réalité beaucoup plus nombreux.
Tous les exemplaires analysés appartiennent à une période assez limitée -la
fin du XVe siècle et la première moitié
du XIVe-; ils proviennent de Cnossos,
Mycènes, Dendra, Athènes et Ialysos.
Il faut noter en outre que la présence
d'une couverte grise sur certains vases
avait déjà été observée par A. J. Evans
(op. cit., p. 125), A. J. B. Wace (op.
cit., pp. 148 sv. et 182 sv.) et A. W.
Persson (voir note 110).

112. Parmi ces trois pièces, l'une a
une paroi épaisse (102), les deux autres
une paroi plus fine. La forme est cependant identique pour les trois exemplaires.

113. E. P. Blegen, News Items from
Athens, dans A. J. A., 42, 1938, pp.
304-305 propose la date de 1550-1450
pour les trois pièces de Kalamata.

114. Blegen, Korakou, figs. 18-19.

115. Blegen, Korakou, fig. 21.

116. Blegen, Korakou, fig. 44.

117. Blegen, Korakou, fig. 38. Ces
mêmes variantes se retrouvent à la même époque dans d'autres sites: H. R.
Hall, Aegean Archaeology, Londres,
1915, fig. 23 (Argos); L. Dor, J. Jan-
noray, H. et M. Van Effenterre, Kirr-
ha, étude de préhistoire phocidienne,
Paris, 1960, pls. XXXV et L; Buchholz-Karageorghis, no 877, 882, 883
(Argos, Drachmani, Orchomène). Le
canthare est attesté aussi dans la céramique mattpainted de l'HM (R. J. Buck,
Middle Helladic Mattpainted Pottery,
dans Hesperia, 33, 1964, pl. 39, A10 et
A11).

118. Blegen, Korakou, figs. 20, 25-
26; Blegen, Prosymna, figs. 34, no 3
et 5, 43, no 572 et 592, 45, no 9, 51,

n° 743; Blegen, Zygouries, figs. 87 et 118.

119. Blegen, Korakou, fig. 17.

120. S. Lloyd et J. Mellaart, Beycesultan, I, The Chalcolithic and Early Bronze Age Levels, Londres, 1962, figs. P. 16, n° 5, P. 30, n° 7, P. 43 et P. 46, n° 1, P. 47, n° 23, 24, 53, 54, 61, 62, ...

121. Id., Beycesultan, II, Middle Bronze Age, Architecture and Pottery, Londres, 1965, figs. P. 5, n° 23, 24, 27, 28, 30, 31 et P. 6, n° 1 et 2. Ces derniers exemples sont les plus proches des canthares helladiques.

122. C. W. Blegen, J. L. Caskey, M. Rawson et J. Sperling, Troy, I, Princeton, 1950, fig. 129, types A 37 et 43-44 et figs. 379-380; Id., Troy, II, Princeton, 1950, figs. 160 et 187.

123. J. Mellaart, The Chalcolithic and Early Bronze Ages in the Near East and Anatolia, Beyrouth, 1966, fig. 51.

124. H. R. Hall, op. cit., fig. 5; Chr. Zervos, op. cit., fig. 102; Buchholz-Karageorghis, n° 1083. Il faut ajouter à ces pièces les canthares en argent du Trésor de Tôd (F. Bisson de la Roque, G. Contenau et F. Chapouthier, op. cit., pl. XVII), dont les caractères crétois ont été mis en évidence (Id., op. cit., pp. 21-35 et R. Dussaud, Prélydiens, Hittites et Achéens, Paris, 1953, pp. 67-68).

125. Voir à ce propos F. Bisson de la Roque, ..., op. cit., p. 23, note 6. On comprend mal la nuance faite par Higgins à propos du canthare du cercle A: "The shape is Middle Helladic, but the work is Cretan" (Higgins, p. 78).

126. Evans, P. M., I, p. 498 et fig. 356.

127. Evans, P. M., II, fig. 221, b.

L'ensemble de cette trouvaille d'orfèvrerie est daté du MM III-MRI.

128. Une anse de ce type, en argent,
figure parmi les trouvailles du cercle A
de Mycènes (35).

129. Evans, P.M., IV, pl. XXIX, D.
Le bourrelet à l'épaule ou neck moulding est un élément caractéristique des
cruches et des jarres à partir du MM
III.

130. M. P. Nilsson, The Minoan-My-
cenaean Religion and its Survival in
Greek Religion, 2e éd., Lund, 1950,
figs. 53 et 55.

131. Chr. Zervos, op. cit., fig. 300.

132. Supra, p. 23.

133. Persson, New Tombs, fig. 117.

134. Karo, Schachtgräber, p. 231.

135. Ibidem.

136. A. Sakellariou, Un cratère d'argent avec scène de bataille provenant de
la quatrième tombe de Mycènes, dans
Atti e memorie del primo Congresso internazionale di micenologia, Rome,
1966, pp. 262-265.

137. Evans, P.M., II, pp. 645-647
et figs. 410 et 411, a. Une jarre identique (sauf le décor repoussé de la partie
supérieure) a été mise au jour récemment à Thera (Sp. Marinatos, Excavations at Thera IV. 1970 Season, Athènes, 1971, pls. 94-95).

138. Furumark, M. P., p. 87.

139. Evans, P.M., II, fig. 398, 1;
A. J. Evans, op. cit., fig. 100, h.

140. Evans, P.M., I, fig. 415, B et
pl. 7.

141. Furumark, M. P., fig. 3 et pp.
603, 605 et 618. La forme générale du
vase de Mycènes est celle des types 117
(Myc. I), 21, 22 (Myc. II), 26 et 31
(Myc. IIIA1), tous d'origine crétoise.

142. Il suffit de citer le vase de Mar-

seille (Evans, P.M., II, fig. 312, a).

143. Chr. Zervos, op. cit., fig. 590.

144. J. Vercoutter, op.cit., n⁰ 342.

145. J. Vercoutter, op.cit., n⁰ 343.

146. Seul, un chaudron en cuivre d'Eubée, daté du Bronze moyen, possède une anse semblable, mais elle est fixe (Buchholz-Karageorghis, n⁰ 1084).

147. Selon Kl. Tuchelt (Tiergefässe in Kopf- und Protomengestalt, Berlin, 1962, p. 14), le terme rhyton ne doit désigner que les vases qui, outre l'orifice de remplissage, en possèdent un second, destiné à permettre l'écoulement du liquide; il s'applique donc à une particularité de structure, non à une forme particulière; ainsi, tous les rhytons ne sont pas nécessairement zoomorphes, de même que tous les vases zoomorphes ne sont pas nécessairement des rhytons (voir aussi Sp. Marinatos, Zur Herkunft der Enkomi-Fayencen, dans A.A., 1928, col. 534, note 3). Les pièces en métal précieux de Mycènes sont donc bien des rhytons, puisqu' elles sont pourvues de deux orifices. Pour la signification et l'utilisation du rhyton, voir en dernier lieu E.T. Vermeule, Götterkult (Archaeologia Homerica, III, V), p. 40.

148. Evans, P.M., II, figs. 542 et 544-545.

149. Sir A. Evans, The Tomb of the Double Axes and Associated Group and Pillar Rooms and Ritual Vessels of the 'Little Palace' at Knossos, Londres, 1914, figs. 87-90. Il faut citer aussi une pièce apparentée publiée dans Ch. Seltman, A Minoan Bull's Head, dans Studies presented to David Moore Robinson on his Seventieth Birthday, I, Saint Louis, 1951, pp. 6-15 et pls. I-II.

150. L. von Matt, St. Alexiou, N.

Platon et H. Guanella, Ancient Crete, Londres, (1967), p. 180.

151. E. Pottier, Documents céramiques du Musée du Louvre, dans B.C.H., 31, 1907, pp. 117 et 120-121 et pl. XXIII, 1; H. Boyd Hawes, Gournia, Vasiliki and other Prehistoric Sites on the Isthmus of Hierapetra Crete, Philadelphie, 1908, pl. I.; Sir A. Evans, op. cit., fig. 95; L. Pernier, Il palazzo minoico di Festos, I,(Rome, 1935), pp. 372-374 et fig. 225; M. Borda, Arte cretese-micenea nel Museo Pigorini di Roma, Rome, 1946, pl. XXIX.

152. L'origine crétoise de ces pièces ne peut faire de doute; les incrustations en forme de trèfle dont certaines sont pourvues (J. Vercoutter, op. cit., n° 272 et 286) trouvent en effet leur équivalent sur des rhytons crétois (Sir A. Evans, op. cit., figs. 70 et 95).

153. A.J.B. Wace, Mycenae. An Archaeological History and Guide, Princeton, 1949, figs. 26-27.

154. Les rhytons en tête d'animal de l'HR III ont une allure toute différente (Chr. Doumas, A Mycenaean Rhyton from Naxos, dans A.A., 1968, pp. 374-389).

155. M.I. Maximova, Les vases plastiques dans l'Antiquité (époque archaïque), Paris, 1927, pp. 67-70.

156. Evans, P.M., II, pp. 260-265.

157. R. Dussaud, op. cit., pp. 126-127.

158. R. Dussaud, op. cit., p. 128.

159. E. Akurgal, Die Kunst der Hethiter, Munich, (1961), pls. 31-32 et 40-41.

160. St. Xanthoudides, The Vaulted Tombs of Mesara, Londres, 1924, pls. II, VII, XXVIII et LI.

161. T. et N. Özgüç, Kültepe Kazisi

Raporu 1949, Ankara, 1953, pls.
XXXVIII-XXXIX.

162. E. Akurgal, op. cit., pls. 1, 2,
10, III, IV.

163. Voir le tableau comparatif dans
Evans, P.M., II, Suppl. pl. XXIV.

164. Karo, Schachtgräber, pl. CXXII.

165. R.B. Seager, op. cit., pls. II,
V, VI, VII, IX; St. Xanthoudides, op.
cit., pls. X-XII; Evans, P.M., I, figs.
189, a et 356, f.

166. Karo, Schachtgräber, nº 590-
591.

167. H.G. Lolling, R. Bohn, A.
Furtwangler, U. Koehler, Das Kuppel-
grab bei Menidi, Athènes, 1880, p. 32
et pl. V, nº 10; Perrot et Chipiez, Histoire de l'art, VI, fig. 532.

168. C.W. Blegen, M. Rawson, Lord
W. Taylour, W.P. Donovan, The Palace of Nestor at Pylos in Western Messenia, III, Princeton, 1973, p. 83 et pl.
169, nº 2. Une broche en or en forme
de petite cruche à bec oblique a été également mise au jour au palais de Pylos
(C.W. Blegen et M. Rawson, The Palace of Nestor at Pylos in Western Messenia, I, Princeton, 1966, p. 75 et pl.
273, nº 20).

CHAPITRE 2 : les décors

1. F.H. Marshall, Catalogue of the
Jewellery, Greek, Etruscan and Roman
in the British Museum, Londres, 1912,
nº 821. Cette pièce n'a pas été reprise
dans le catalogue car elle se situe en
dehors du domaine mycénien proprement dit.

2. Evans, P.M., II, fig. 212.

3. Chr. Zervos, op. cit., fig. 173.

4. P. Warren, op. cit., figs. P. 237
et D. 148.

5. Id., op. cit., fig. P. 145.

6. Blegen, Zygouries, pl. XIII, 1.

7. R. B. Seager, op. cit., fig. 31, XII, f.

8. C. F. A. Schaeffer, Enkomi-Alasia, nouvelles missions en Chypre, 1948-1950, Paris, 1952, pp. 379-388 et pl. CXVI.

9. P. Warren, op. cit., figs. P. 177 et 178.

10. Id., op. cit., fig. P. 316.

11. Evans, P. M., II, figs. 403 et 409, b.

12. Supra, p. 33.

13. Blegen, Korakou, fig. 3, n[o] 7.

14. Blegen, Zygouries, fig. 113.

15. Blegen, Korakou, pl. I, n[o] 3; Id., Zygouries, pl. XII, 2.

16. Chr. Zervos, op. cit., figs. 73, 126, 137, 139.

17. Id., op. cit., fig. 378.

18. Evans, P. M., I, fig. 183a, n[o] 4

19. Evans, P. M., I, fig. 183a, n[o] 3.

20. Supra, p. 11.

21. Chr. Zervos, op. cit., fig. 86.

22. Supra, p. 7.

23. Evans, P. M., I, fig. 183a, n° 1.

24. Evans, P. M., I, pl. IIB.

25. P. Warren, op. cit., fig. P. 218.

26. Evans, P. M., I, fig. 434, a.

27. Blegen, Prosymna, fig. 639.

28. Blegen, Korakou, p. 15 et fig. 20. On notera aussi qu'un gobelet en or sans anse provenant de Troie II a sa paroi décorée de cannelures verticales peu marquées; une seconde pièce du même type et de même provenance a des cannelures obliques semblables (Fr. Matz, Le monde égéen, Troie, Crète, Mycènes, Paris, (1956), pl. 5, 1). D'autre part, les cannelures sont largement attestées dans la céramique de l'Anatolie occidentale (S. Lloyd et J.

Mellaart, Beycesultan, I, The Chalcolithic and Early Bronze Age Levels, Londres, 1962, figs. P. 17, n⁰ 1 et 3, P.18,
P. 19, n⁰ 5 et 6, P. 27, . . .).

29. Evans, P. M. , III, fig. 273.

30. B. S. A. , 60, 1965, p. 303, fig.
18 et pl. 79, c.

31. J. Driehaus, Rheinische Urge-
schichte, Düsseldorf, 1968, p. 20 et
fig. 5.

32. St. Piggott et G. E. Daniel, A
Picture Book of Ancient British Art,
Cambridge, 1951, pls. 10-11. Sur les
rapports entre l'Occident, principalement les Iles Britanniques, et l'Egée,
on consultera St. Piggott, The Early
Bronze Age in Wessex, dans Proceed-
ings of the Prehistoric Society, 4, 1938,
p. 95.

33. Furumark, M. P. , p. 335 (motif
41, n⁰ 1 et 2).

34. J. D. S. Pendlebury, The Archaeology of Crete, Londres, (1939), fig.
23, n⁰ 1.

35. Id. , op. cit. , fig. 11, n⁰ 8.

36. Id. , op. cit. , figs. 16, n⁰ 3 et
18, n⁰ 2.

37. Evans, P. M. , II, fig. 409, a.

38. J. Vercoutter, op. cit. , n⁰ 239-
241.

39. Supra, note 7.

40. Blegen, Korakou, pl. III, n⁰ 8.

41. Blegen, Prosymna, fig. 713; E.
D. Townsend, A Mycenaean Chamber
Tomb under the Temple of Ares, dans
Hesperia 24, 1955, p. 205, fig. 5, n⁰
5-8; S. Symeonoglou, Kadmeia I, Mycenaean Finds from Thebes Greece. Excavations at 14 Oedipus St. , Göteborg,
1973, figs. 100, 129, 133, 138-139,
144-145, 150, 153-154, 159, 162-163,
168-169.

42. R. Hampe et A. Winter, Bei Töp-

fern und Töpferinnen in Kreta, Messe-
nien und Zypern, Mayence, 1962, fig.
12. Des rainures concentriques semblables s'observent sur un disque de
tour mis au jour à Uruk (E. Heinrich,
Sechster vorläufiger Bericht über die
von der deutschen Forschungsgemein-
schaft in Uruk-Warka unternommenen
Ausgrabungen, Berlin, 1935, p. 25 et
pl 15, 0).

43. R. Hampe et A. Winter, op. cit.,
pl. 23, 6.

44. St. Xanthoudides, Some Potter's-
Wheel Disks, dans Essays in Aegean
Archaeology presented to Sir A. Evans,
Oxford, 1927, p. 122; P. Warren, An
Early Bronze Age Potter's Workshop in
Crete, dans Antiquity, 43, 1969, pp.
224-227.

45. Un motif analogue est visible au
fond de certaines phiales du Trésor de
Tôd (F. Bisson de la Roque, G. Contenau et F. Chapouthier, Le Trésor de
Tôd, Le Caire, 1953, pl. XXXIV, n°
70. 625).

46. A. Keramopoulos, Μυκηναϊκοί
τάφοι ἐν Αἰγίνῃ καὶ ἐν Θήβαις
dans Ἀρχ. Ἐφ. 1910, pl. 7, 2 α; Persson, New Tombs, fig. 82; E. D. Townsend, op. cit., fig. 5, n° 2.

47. St. Xanthoudides, op. cit., pl.
XVIIIb, n° 3165 et XIXb, n° 3549; P.
Demargne, Fouilles exécutées à Mallia.
Exploration des nécropoles (1921-1933)
I, Paris, 1945 (Etudes crétoises, VII),
p. 61 et pl. LXIX, 4.

48. Dans le cas d'un tour de Mallia
(R. Hampe et A. Winter, op. cit., fig.
60), pourvu des mêmes rainures, c'est
sur la face inférieure de la galette que
s'imprime la décoration tournoyante en
relief.

49. Supra, p. 43.

50. Evans, P.M., II, figs. 410 et 411, a.

51. Supra, p .33.

52. Higgins, fig. 181.

53. Furumark, M.P., pp. 158 et 401 (motif 66).

54. Evans, P.M., II, fig. 278, a. Un motif apparenté, à gouttes et arcades multiples, est fréquent dans la céramique du style de Camarès (Chr. Zervos, op. cit., figs. 324 et 328).

55. Marinatos-Hirmer, fig. 230.

56. Furumark, M.P., motif 62.

57. Supra, pp. 20-21.

58. Evans, P.M., IV, figs. 234, a-b et 235.

59. Chr. Zervos, op. cit., fig. 701. Les représentations peintes de boucliers en huit sont également nombreuses au MR (Evans, P.M., III, figs. 198-201).

60. Evans, P.M., II, fig. 25, a.

61. A. Evans, A Mykênaean Treasure from Aegina, dans J.H.S., 13, 1892-1893, pp. 195-226. D'après la dernière étude de cet ensemble, celle de R.A. Higgins (The Aegina Treasure Reconsidered, dans B.S.A., 52, 1957, pp. 42-57), il s'agit d'un trésor minoen remontant aux années 1700-1550.

62. Evans, P.M., II, figs. 244-245 et IV, fig. 285.

63. Ces élargissements ont pour but de renforcer l'adhérence de l'anse à la paroi; ils résultent de la pression exercée sur l'argile lors de l'application de l'anse.

64. Evans, P.M., I, fig. 409.

65. Evans, P.M., II, fig. 250, d.

66. P. Warren, Minoan Stone Vases, Cambridge, 1969, fig. P. 11.

67. La question de l'origine de la spirale est fort controversée. Vl. Popo-

vitch (Observations sur l'origine de la spirale en Egée, dans R.A., 1958, I, pp. 129-136) a bien exposé les données du problème: selon certains, l'Europe occidentale aurait joué un rôle prépondérant dans l'introduction de la spirale en Egée; pour d'autres, ce serait au contraire l'Orient, spécialement la Mésopotamie. Popovitch se prononce en faveur de cette dernière hypothèse, mais les arguments qu'il avance n'ont rien de convaincant. G. Kaschnitz-Weinberg a défendu la même hypothèse, mais de façon plus nuancée et avec des arguments plus solides (Zur Herkunft der Spirale in der Ägäis, dans Prähistorische Zeitschrift, 34-35, 1949-1950, I, pp. 193-215). Sur la spirale en Europe occidentale, voir J. Boehlau, Die Spirale in der Bandkeramik, dans Prähistorische Zeitschrift, 19, 1928, pp. 54-96 et pls. 9-25.

68. Chr. Zervos, op. cit., fig. 351.

69. Id., op. cit., figs. 371 et 421.

70. Id., op. cit., fig. 250.

71. Id., op. cit., fig. 145.

72. Sous ce terme, nous désignerons un motif rayonnant formé de quatre branches recourbées.

73. H.J. Kantor, The Aegean and the Orient in the Second Millenium B.C., Bloomington, 1947, pl. II, M.

74. Id., op. cit., pl. II, N.

75. P. Fortova-Samalova et M. Vilimkova, Egyptian Ornament, Londres, (1963), figs. 139, 142, 150, 151, 153, 154, 155 (XVIIIe à XXVIe dynasties).

76. Evans, P.M., II, fig. 117, a et IV, fig. 191, a.

77. On notera l'importance de ce fragment en ce qui concerne le décor du fond des vases, Comme on l'a vu (supra, p. 46), les fonds sont souvent ornés

de motifs circulaires concentriques; mais la simplicité de ces derniers contraste nettement avec le fond à réseau de spirales de type élaboré qui vient d'être décrit. D'un autre point de vue, celui de la chronologie, il faut remarquer que, par deux fois, les pièces de Peristeria se sont révélées si proches de celles du cercle A de Mycènes qu'on doit les considérer comme contemporaines (supra, p. 12). Sp. Marinatos admet toutefois que le trésor d'orfèvrerie de Peristeria est légèrement plus récent que celui de Mycènes (Problemi archeologici e filologici di Pilo, dans S. M. E. A. , 3, 1967, p. 13).

78. Chr. Zervos, op. cit. , fig. 424 (hachette de Mallia); Marinatos-Hirmer, pl. 80 (jarre MR I).

79. A propos de la spirale et de ses différentes formes sur les autres pièces du cercle A, voir Karo, Schachtgräber, pp. 272-281.

80. Karo, Schachtgräber, pl. V (stèle).

81. Karo, Schachtgräber, pl. VI (stèle).

82. Karo, Schachtgräber, pls. CXLII et CXLIV (coffret plaqué d'or).

83. Karo, Schachtgräber, pl. XCII.

84. H. J. Kantor, op. cit. , pl. III, E, F et J.

85. Ce type de spirale simple à appendice latéral est désigné par Persson du nom de whorl shell (Persson, New Tombs, p. 91). Cependant, dans la typologie de Furumark, le whorl shell est un motif différent et la spirale à appendice, absente du répertoire de la céramique mycénienne, n'est pas reprise par Furumark. Quoi qu'il en soit, le motif correspond à la stylisation d'une coquille.

86. J. Boehlau, op. cit., pl. 24, n°
6. Le motif est celui repris dans J. D.
S. Pendlebury, op. cit., fig. 23, n° 8.

87. Evans, P. M., I, figs. 269-270.

88. Evans, P. M., II, figs. 84 et
368-370.

89. Evans, P. M., III, fig. 229.

90. Chr. Zervos, op. cit., figs. 538,
540, 542.

91. Sur les épingles de Troie (C. W.
Blegen, J.L. Caskey, M. Rawson et J.
Sperling, Troy, I, Princeton, 1950,
fig. 125, n° 8).

92. M. Gimbutas, Bronze Age Cul-
tures in Central and Eastern Europe,
Paris, La Haye et Londres, 1965, figs.
33, 70-71 et 73.

93. On peut noter cependant que le
type de spirales enchaînées de la coupe
en electrum de Mycènes (23) est connu
dans le répertoire de la céramique
mattpainted de l'HM (R. J. Buck, Middle
Helladic Mattpainted Pottery, dans Hesperia, 33, 1964, pl. 44, n° 106B et 110-
111).

94. A propos de la spirale dans la céramique mycénienne, voir Furumark,
M. P., pp. 352-359, 361-370 et figs.
59, 60, 62-64.

95. E. M. Bossert, Die gestempelten
Verzierungen auf frühbronzezeitlichen
Gefässen der Ägäis, dans Jahrbuch, 75,
1960, p. 5 fig. 7 et p. 7 fig. 8.

96. Furumark, M. P., motif 64.

97. Chr. Zervos, op. cit., figs. 451,
558, . . .

98. J. D. S. Pendlebury, op. cit.,
figs. 17, n° 11 et 18, n° 6 et 10.

99. Id., op. cit., fig. 22, n° 6.

100. Evans, P. M., II, figs. 403-404.

101. Evans, P. M., IV, fig. 378.

102. Fr. Schachermeyr, Die minoi-
sche Kultur des alten Kreta, Stuttgart,

(1964), pl. 47, a.

103. Chr. Zervos, op. cit., fig. 466.

104. Supra, p. 21 . Une rangée semblable de feuilles de lierre s'observe aussi sur un vase en bronze du palais de Zakro, daté également du MR I (N. Platon, Zakros, New York, (1971), fig. p. 217).

105. Furumark, M. P., pp. 140-141, 154-155, 158, 182, 190.

106. Ce type de feuille de lierre est connu à Dendra (Persson, New Tombs, figs. 92, 3 et 101). On en voit rangées en frise, en position oblique, non reliées les unes aux autres, sur une lampe du MM III (Evans, P. M., II, fig. 288, a) et sur le gobelet bas en bronze de Mochlos (supra, note 7).

107. Furumark, M. P., fig. 36, n° 31-37.

108. Furumark, M. P., pp. 363- 368 et figs. 33-34.

109. Evans, P. M., II, fig. 451.

110. A. J. Evans, The Prehistoric Tombs of Knossos, Londres, 1906, fig. 140.

111. Evans, P. M., IV, figs. 285-286.

112. N. Platon, op. cit., fig. p. 146.

113. Furumark, M. P., motif 17.

114. Karo, Schachtgräber, pls. XXVII, XL et XLII; A. J. B. Wace, Chamber Tombs at Mycenae, Oxford, 1932, pl. XXXII; Persson, Royal Tombs, pls. XVIII et XXXIII; Persson, New Tombs, fig. 93 et pl. III.

115. Des rosettes en or semblables ont été mises au jour, dans le domaine mycénien, entre autres à Peristeria (Sp. Marinatos, op. cit., fig. 19).

116. Infra, pp. 70-71.

117. Furumark, M. P., p. 244 (motif 3).

118. Voir la bibliographie citée dans

le catalogue.

119. Evans, P.M. , III, pp. 176-202. Quel que soit le modèle des gobelets, il ne fait pas de doute que les sujets qui y sont représentés sont empruntés au grand art, spécialement à l'art de la fresque.

120. E. N. Davis, The Vapheio Cups - One Minoan and one Mycenaean?, dans A. J. A. 74, 1970, p. 191. Voir aussi E. N. Davis, The Vapheio Cups and Aegean Gold and Silver Ware, New York, 1973, dissertation microfilmée.

121. Infra, pp. 74-75.

122. En plus du type d'anse (supra, p. 22.), A. W. Persson (Royal Tombs, p. 50) voit dans cette "tendance ornementale et géométrique" un indice déterminant en faveur de l'origine continentale de la tasse.

123. Supra, note 8.

124. Marinatos-Hirmer, fig. 81.

125. Furumark, M. P. , motif 4.

126. Ch. Picard, De Midéa à Salamis de Chypre: à propos de deux coupes d'or et d'argent, dans Γέρας 'Αντ. Κεραμοπούλλου , Athènes, 1953, p. 7, fig. 5.

127. J. Vercoutter, op. cit. , n° 234.

128. Id. , op. cit. , n° 231.

129. Supra, p. 13.

130. Persson, Royal Tombs, p. 49.

131. Karo, Schachtgräber, p. 293.

132. Karo, Schachtgräber, n° 1427.

133. Karo, Schachtgräber, n° 808-811.

134. Karo, Schachtgräber, n° 394-395.

135. Karo, Schachtgräber, p. 297.

136. Evans, P.M. , II, figs. 544-545. Evans admet la priorité du rhyton de Mycènes.

137. P. Demargne, Naissance de l'art grec, Paris, (1964), fig. 267. Un

procédé analogue de décoration apparaît
sur certaines saucières de l'HA de Zygouries (Blegen, Zygouries, pl. X),
mais aussi à Chypre (J. L. Myres,
Handbook to the Cesnola Collection of
Antiquities from Cyprus, New York,
1914, n° 172, 218 et 323), en Crète
(R. M. Dawkins, Excavations at Palaikastro, III, dans B.S.A., 10, 1903-
1904, fig. 4, p. 206) et à l'époque mycénienne (P. Demargne, op. cit., fig.
336).

138. La position renversée de l'animal de droite rappelle singulièrement
celle du taureau pris au filet sur le gobelet A de Vaphio.

139. Karo, Schachtgräber, pl. CXLIV.

140. P. Demargne, op. cit., p. 185.

141. Au contraire, le profil complet,
qui est attesté aussi dans l'art crétois
(Evans, P.M., II, fig. 497 et IV, fig.
280), est de règle générale dans les représentations d'oiseaux de la céramique
mycénienne (Furumark, M.P., figs.
29-30).

142. P. Demargne, op. cit., figs.
250-251.

143. C.M.M.S., I, n° 151 et 273.

144. Karo, Schachtgräber, n° 765.

145. Sp. Marinatos, Der "Nestor-
becher" aus dem IV. Schachtgrab von
Mykenae, dans Neue Beiträge zur klassischen Altertumswissenschaft, Festschrift zum 60. Geburtstag von B.
Schweitzer, (Stuttgart et Cologne, 1954),
p. 16.

146. P. Demargne, op. cit., fig. 138.
Le rapprochement indiqué par Evans
(P.M., IV, p. 392) n'a pas grande va-
leur.

147. Bossert, fig. 163.

148. Supra, p. 63. Quelques remarques intéressantes ont été faites à pro-

pos de ce type d'anse dans A. Jolles, Die ägyptisch-mykenischen Prunkgefässe, dans Jahrbuch, 23, 1908, pp. 238-242.

149. Evans, P.M., III, fig. 251.

150. Evans, P.M., I, fig. 447.

151. Furumark, M.P., motif 22.

152. Le style marin a des antécédents au MM III (Evans, P.M., I, fig. 447 et II, figs. 130, 306, 307, 308) et Evans note que ce style décoratif est né dans le relief avant de s'épanouir dans la céramique (Evans, P.M., II, p. 224). Par les bordures de plantes marines, la fig. 307 de P.M., II est particulièrement proche de la décoration de la tasse aux poulpes.

153. Supra, 20-21 et 58.

154. Perrot et Chipiez, Histoire de l'art, VI, fig. 487.

155. C.M.M.S., I, n° 5.

156. Une tête de Cnossos, datée du MM (P. Demargne, op. cit., fig. 140), constitue une des rares exceptions.

157. Karo, Schachtgräber, n° 624.

158. A propos des scènes de combat dans l'art mycénien, voir en dernier lieu A. Sakellariou, Scène de bataille sur un vase mycénien en pierre?, dans R.A., 1971, pp. 3-14.

159. Il s'agit du vase reconstitué récemment par A. Sakellariou. Le thème épique qu'elle y voit n'est pas facilement identifiable. Voir aussi A. Sakellariou, Un cratère d'argent avec scène de bataille provenant de la IVe tombe de l'Acropole de Mycènes, dans A.K., 17, 1974, 1, pp. 3-20 et pls. 1-2.

160. Karo, Schachtgräber, n° 394.

161. H.R. Hall, A note on the Phaistos Disk, dans J.H.S., 31, 1911, pp. 119-123.

162. V. Stais, Das silberne Rhyton

des vierten Grabes der Burg von Mykenai, dans A.M. , 40, 1915, pp. 45-52.

163. Evans, P.M. , III, pp. 92-106.

164. Persson, New Tombs, pp. 182-
186. Pour sa part, Chr. Tsountas rapproche certains détails de la scène de la
description du bouclier d'Achille chez
Homère et de celle du poème hésiodique
relative au bouclier d'Héraklès (Chr.
Tsountas et J.I. Manatt, The Mycenaean Age, Chicago, 1897, p. 214).

165. Sp. Marinatos, Les Egéens et
les îles Gymnésiennes, dans B.C.H. ,
95, 1971, pp. 6-11 (avec bibliographie
de la question).

165a. A. Sakellariou, La scène du
"siège" sur le rhyton d'argent de Mycènes d'après une nouvelle reconstitution,
dans R.A. , 1975, 2, pp. 195-208.

166. Supra, pp. 11 et 41.

167. Supra, p . 14.

168. Evans, P.M. , I, pl. VII; L.
Pernier, Il palazzo minoico di Festos,
I, (Rome, 1935), figs. 135-136; Chr.
Zervos, op. cit. , figs. 326 et 378.

169. Blegen, Korakou, figs. 53-55.

170. Voir les conclusions qu'en tire
Evans à propos du rapport entre les
scènes des gobelets et l'art de la fresque (P.M. , III, pp. 92-106). Quant aux
scènes du cratère en argent (39) et du
rhyton du siège (29) de Mycènes, elles
sont conservées dans un état trop fragmentaire pour que l'on puisse en étudier la composition. Tout au plus peut-
on remarquer qu'il se dégage de la scène de siège une certaine sensation de
profondeur, plus évidente que dans la
peinture murale crétoise, et qui, malgré l'absence de perspective, contribue
à la clarté de la composition.

171. Sur l'évolution dans la représentation de la surface marine, voir Pers-

son, New Tombs, pp. 137-138.

172. Evans, P.M., I, pl. IV et figs. 379 et 393. A propos de ce principe de composition, voir Evans, P.M., II, pp. 450-453.

173. Karo, Schachtgräber, n° 395.

174. Karo, Schachtgräber, n° 240-241.

175. Persson, Royal Tombs, pl. IX.

176. Persson, Royal Tombs, fig. 27.

177. H.J. Kantor, op. cit., pl. XXIV, A et p. 15 (la date proposée est l'HR III).

178. Persson, Royal Tombs, p. 48.

CHAPITRE 3: les techniques

1. Voir à ce propos W. Gowland, Silver in Roman and Earlier Times, I, Pre-historic and Proto-historic Times, dans Archaeologia, 69, 1917-1918, pp. 123-124 et H.J. Plenderleith, La conservation des antiquités et des oeuvres d'art, Paris, 1966, pp. 232-236.

2. La littérature consacrée à ces questions est assez abondante, mais il s'agit toujours de notes de caractère général et les procédés de métallurgie qui sont décrits s'appliquent toujours à des époques relativement récentes. On citera entre autres W. Gowland, op. cit.; R.J. Forbes, Gold in the Ancient Near East, dans Jaarbericht van 't voorazi-atisch-egyptisch Gezelschap Ex Oriente Lux, 6, 1939, pp. 237-254; Ch. Singer, E.J. Holmyard et A.R. Hall, A History of Technology, I, From Early Times to the Fall of Ancient Empires, Oxford, 1954, pp. 572-585; R.A. Higgins, Greek and Roman Jewellery, Londres, (1961), pp. 3-7; D.E. Strong, Greek and Roman Gold and Silver Plate, Lonres, 1966, pp. 1-5.

3. R. J. Forbes, op. cit., p. 246 (96% d'or). Cependant, les analyses données par Strong(op. cit., p. 2) sont fort différentes: 65, 1, 67, 91 ou 75, 8% d'or.

4. Vase du cercle A: argent 95, 59%, cuivre 3, 23%, plomb 0, 44%, or 0, 3%, fer 0, 12%; lingot de Troie: argent 95, 61%, cuivre 3, 41%, plomb 0, 22%, or 0, 17%, fer 0, 38% (W. Gowland, op. cit., pp. 139 et 143).

5. J. Servais, Les fouilles sur le haut du Vélatouri, dans Thorikos, 1965, rapport préliminaire sur la troisième campagne de fouilles, Bruxelles, 1967, pp. 22-23 et fig. 16.

6. L'electrum diffère de l'or blanc, alliage moderne d'or et de platine ou d'or et de nickel. Cependant, dans l'antiquité, l'electrum était parfois appelé or blanc (or du Pactole). La distinction entre l'alliage naturel et l'alliage artificiel est difficile à déterminer (D. E. Strong, op. cit., p. 1).

7. Ce procédé de fabrication est bien décrit dans H. Maryon, Metal Working in the Ancient World, dans A. J. A., 53, 1949, pp. 94-102 et figs. 1-10 et D. K. Hill, The Technique of Greek Metal Vases and its Bearing on Vase Forms in Metal and Pottery, dans A. J. A., 51, 1947, pp. 248-256. Les fouilles d'Enkomi ont livré un document intéressant à ce point de vue: il s'agit d'une phiale en bronze très basse et à profil très ouvert qui constitue probablement une étape dans la fabrication par martelage d'un bol hémisphérique (H. W. Catling, Cypriot Bronzework in the Mycenaean World, Oxford, 1964, p. 147 et pl. 19, b).

8. Sur la fabrication par martelage, voir aussi Ch. Singer, E. J. Holmyard

et A. R. Hall, op. cit., pp. 635-639.

9. Supra, pp. 18-19.

10. Persson, Royal Tombs, p. 31; Persson, New Tombs, p. 74. On peut imaginer que la base des coupes à pied était fabriquée par un procédé analogue. D'autre part, il n'est peut-être pas exclu que le vase entier -y compris même le décor repoussé- ait été ainsi martelé sur une forme dont la section correspondait au profil du vase (Persson, Royal Tombs, p. 43).

11. A ce propos, Ch. Delvoye (La coupe en or préhellénique des Musées Royaux d'Art et d'Histoire, dans Bulletin des Musées Royaux d'Art et d'Histoire, 1941, pp. 85-92) a établi une chronologie relative des coupes à pied, où il place en premier lieu les pièces faites en deux parties. Il ne semble cependant pas nécessaire d'insister trop sur cette différence de fabrication, car le nombre des coupes invoquées par Delvoye est limité. Bien que cela ne constitue pas un argument déterminant en faveur de la contemporanéité absolue, on remarquera d'autre part que dans une même tombe du cercle A (tombe IV) on trouve associées une coupe faite d'une seule feuille de métal (20) et deux coupes en deux parties (21, 23).

12. Infra, p. 79.

13. A propos de la technique de la soudure, originaire de l'Orient (elle est connue en Mésopotamie dès le IIIe millénaire), et des alliages utilisés, voir Ch. Singer, E. J. Holmyard et A. R. Hall, op. cit., pp. 649-654. Aucune analyse n'a été effectuée, de sorte que nous n'avons pas la moindre indication en ce qui concerne les alliages utilisés à l'époque mycénienne. Le seul indice est donné par Ch. Delvoye (op. cit.): le

raccord entre la vasque et le fût de la coupe du Musée de Bruxelles présente des traces de vert de gris, ce qui indique une soudure au moyen d'un alliage à forte proportion de cuivre.

14. N. M. Verdelis, Neue Funde von Dendra, dans A. M., 82, 1967, p. 52.

15. Karo, Schachtgräber, p. 311.

16. R. B. Seager, op. cit., fig. 31, XII, f.

17. Ce procédé, qui a également pour but de rendre le bord moins tranchant, est attesté dans l'Odyssée (IV, 131-132 et 612-617).

18. Ch. Virolleaud, Découverte à Byblos d'un hypogée de la douzième dynastie égyptienne, dans Syria, 3, 1922, p. 279, fig. 2 bis.

19. Ch. Singer, E. J. Holmyard et A. R. Hall, op. cit., pp. 648-649 et fig. 433.

20. C. L. Woolley, Ur Excavations, II, The Royal Cemetery, New York, 1934, pls. 110, 115, 150, 160-162, 169,...

21. E. Akurgal, Die Kunst der Hethiter, Munich, (1961), pls. 14-17.

22. S. Lloyd, Early Highland Peoples of Anatolia, Londres, (1967), p. 31.

23. Supra, p. 7.

24. On ne possède aucune indication sur sa composition.

25. R. A. Higgins, The Aigina Treasure Reconsidered, dans B. S. A., 52, 1957, p. 57. A ce propos, voir également Karo, Schachtgräber, p. 310. Les fouilles dans le domaine égéen ont révélé l'existence de moules en creux en pierre (E. T. Vermeule, A Mycenaean Jeweler's Mold, dans Bulletin of the Museum of Fine Arts, n° 339 -1967-, pp. 19-31, spécialement la note 4 qui recense les différents moules), qui ont

dû être utilisés pour la fabrication en
série d'ornements en pâte de verre cou-
lée, mais certainement aussi d'ornements correspondants en feuille de métal repoussée, comme l'indique par e-
xemple l'analogie entre la cavité d'un
moule en forme de nautile (E. T. Vermeule, Greece in the Bronze Age, Chicago et Londres, (1964), pl. XLIV, E)
et une plaquette en pâte de verre de Pylos d'une part (C. W. Blegen, M. Rawson, Lord W. Taylour et W. P. Donovan, The Palace of Nestor at Pylos in
Western Messenia, III, Princeton, 1973,
fig. 171, 4) et entre deux autres cavités
du même moule, en forme de papyrus,
et des éléments de collier en or de Prosymna de l'autre (Blegen, Prosymna,
fig. 362, 1). On notera enfin que certains moules sont pourvus de cavités en
forme de rosette (Evans, P. M. , I, fig.
349).

26. C. L. Woolley, op. cit. , pls.107,
110, 115.

27. Le placage de la lèvre est, selon
Persson, une technique typiquement
continentale (Persson, New Tombs, p.
91). Cependant, d'un point de vue plus
général, on ne peut manquer de rapprocher les exemples mycéniens des nombreuses statuettes en bronze plaqué d'or
découvertes dans les niveaux du Bronze
moyen de Byblos (N. Jidejian, Byblos
through the Ages, Beyrouth, 1968, fig.
74) ainsi que de statuettes de même
technique, provenant de Larsa et datées
de la première dynastie babylonienne
(A. Moortgat, Die Kunst das alten Me-
sopotamien, Cologne, 1967, pl. 218).

28. Karo, Schachtgräber, p. 311.

29. C. F. A. Schaeffer, Enkomi-Alasia, nouvelles missions en Chypre,
1946-1950, Paris, 1952, pp. 381-389

(rapport technique de H. J. Plenderleith).

30. Karo, Schachtgräber, pls. XCIII
et XCIV.

31. E. T. Vermeule, op. cit., pl.XIII2

32. J. Vercoutter, op. cit., pl.
XXXV.

33. R. Laffineur, L'incrustation à
l'époque mycénienne, dans L'Antiquité
Classique, 43, 1974, pp. 5-37.

34. L. Lacroix, A propos de découvertes récentes: la technique de l'incrustation dans l'art créto-mycénien,
dans Atti del settimo Congresso internazionale di archeologia classica, I, Rome, 1961, pp. 251-257. L'auteur émet
des remarques intéressantes sur le
rapport entre le nom de Dédale (dont
Hephaistos s'est inspiré pour la fabrication du bouclier d'Achille) et la terminologie homérique relative à l'incrustation.

CHAPITRE 4: utilisation et signification
des pièces

1. Karo, Schachtgräber, pp. 233-234.

2. Karo, Schachtgräber, pp. 237-238.

3. Karo, Schachtgräber, pp. 237 et
310. L'auteur donne la même explication en ce qui concerne les bracelets et
les bandeaux (p. 179).

4. Supra, p. 30.

5. Supra, p. 54.

6. C'est le cas aussi de trois gobelets
en or du cercle A: 3, 42, 65.

7. Voir catalogue, note 9.

8. R. Hope Simpson, Identifying a
Mycenaean State, dans B.S.A., 52,
1957, p. 239.

9. E. P. Blegen, News Items from
Athens, dans A.J.A., 42, 1938, p. 305.

10. Evans, P.M., IV, pl. XXXI.

11. <u>Supra</u>, pp. 76-77.

12. D. E. Strong, <u>Greek and Roman Gold and Silver Plate</u>, Londres, 1966, pp. XXV-XXVII.

13. Py Tn 316. Voir M. Gérard-Rousseau, <u>Les mentions religieuses dans les tablettes mycéniennes</u>, Rome, 1968, p. 22.

CONCLUSION

1. Voir M. Ventris et J. Chadwick, <u>Documents in Mycenaean Greek</u>, 2e éd., Cambridge, 1959, pp. 331-348 et D. H. F. Gray, <u>Linear B and Archaeology</u>, dans <u>B. I. C. S.</u>, 6, 1959, pp. 51-52 et pl. VIII.

2. A Chypre, la tradition des vases en métal précieux semble s'être prolongée assez tard dans le Bronze récent. La coupe incrustée d'Enkomi, datée d'après 1400, en est une preuve directe. D'autre part, le rhyton-cornet en faïence de Kition, attribué au XIIIe siècle (V. Karageorghis, <u>Mycenaean Art from Cyprus</u>, (Nicosie, 1968), p. 43 et pl. XXXIX) constitue de toute évidence l'imitation d'un vase en argent incrusté.

3. Persson, <u>Royal Tombs</u>, p. 45.

CATALOGUE

1. Tous les vases trouvés à Mycènes étant conservés au Musée national d'Athènes, on indiquera simplement, entre parenthèses après la dénomination de chaque pièce, le n° d'inventaire de ce Musée.

2. Pour les pièces du cercle A, on renverra à Karo, <u>Schachtgräber</u>, qui donne la bibliographie antérieure, ainsi qu'aux ouvrages ou articles plus ré-

cents.

3. Le nombre et la position des rivets sont indiqués par deux chiffres, le premier concernant les rivets de l'attache supérieure de l'anse, le second ceux de l'attache inférieure.

4. Les trouvailles du cercle B de Mycènes ayant été publiées tout récemment par G. E. Mylonas, certains vases jusqu'alors inédits n'ont pu être intégrés au catalogue qu'après que la liste définitive des pièces ait été établie, ce qui explique la numérotation particulière qu'ils ont reçue.

5. Pour la situation du "trésor", voir Karo, Schachtgräber, fig. 2 (Golden treasure).

6. Pour le fragment de la House of Lead de Mycènes, fabriqué dans un alliage d'argent et de cuivre (?) et incrusté d'or, l'appartenance à un vase n'est pas certaine (A. J. B. Wace, Domestic Life in Ancient Mycenae, New Light on Agamemnon's Capital, dans I. L. N., 2-2-1957, p. 180, fig. 11; (H. Wace, E. Wace French et Ch. Williams), Mycenae Guide, (Meriden, 1971), fig. p. 9; Laffineur, n° 27).

7. L'indication de Dendra comme lieu de provenance probable résulte de l'analogie du décor de ce vase avec le gobelet incrusté de la tombe à chambre n° 12 (93). Il convient en outre de noter que cette tombe fut pillée en partie, quelque temps avant d'être fouillée, de sorte que le gobelet 94 a peut-être fait partie du butin des pilleurs (P. Åström, A Midéa et Dendra, découvertes mycéniennes, dans Archeologia, n° 51, oct. 1972, pp. 47-50).

8. Mr. le professeur Sp. Marinatos a bien voulu nous communiquer les numéros d'inventaire du Musée de Chora;

nous l'en remercions vivement.

9. La bibliographie de ces trois pièces de Kalamata se réduit à des simples mentions. De plus, l'opinion des différents auteurs varie en ce qui concerne la localisation exacte de la trouvaille. E. P. Blegen (News Items from Athens, dans A. J. A., 42, 1938, pp. 304-306) cite la localité de Mavrinitsa, proche de Kalamata. W. A. Mac Donald et R. Hope Simpson (Prehistoric Habitation in Southwestern Peloponnese, dans A. J. A., 65, 1961, p. 255 et Further Explorations in Southwestern Peloponnese, 1964-1968, dans A. J. A., 73, 1969, p. 161) indiquent Ayios Yeoryios (Mandhinia), au sud de Kalamata. Mais le même Hope Simpson (A Gazetteer and Atlas of Mycenaean Sites, Londres, 1965, nᵒ 167, p. 57) ainsi que P. Ålin (Das Ende der mykenischen Fundstätten auf dem griechischen Festland, Lund, 1962, pp. 88-89) parlent de coupes en or découvertes à Sotirianika, au sud de Kalamata. Enfin, on ajoutera que l'étiquette accompagnant les pièces dans la vitrine du Musée national porte seulement l'indication "Kalamai". En fait, R. Hope Simpson a par ailleurs précisé le lieu de provenance des 3 vases (Identifying a Mycenaean State, dans B. S. A., 52, 1957, p. 239): la trouvaille a été faite à une centaine de mètres à l'est de la route qui relie Kalamata à Kambos, à mi-chemin entre les deux villes et au nord des trois localités de Mandhinia, Sotirianika et Mavrinitsa.

10. D. E. Strong (Greek and Roman Gold and Silver Plate, Londres, 1966, pp. 50-51) mentionne ce vase ainsi que son numéro d'inventaire au Musée national (6441), mais il donne Salamine comme lieu de provenance; d'autre

part, il rapproche la pièce en question d'une tasse basse de Mycènes (<u>1</u>) et d'une autre de la tholos de Marathon. Or, on peut constater sur place que c'est cette dernière pièce qui porte le n° 6441 dans l'inventaire du Musée national. Quant au vase de Salamine, Strong est seul à y faire allusion.

11. Mr. le professeur Sp. Marinatos a bien voulu nous communiquer le numéro d'inventaire de ce vase; nous l'en remercions vivement.

12. Cette pièce est présentée comme provenant d'une tombe des environs de Thèbes. Nous l'avons cependant rangée sous la présente rubrique, car la localisation exacte de cette tombe n'est pas connue.

Fig. 1 - cat. 4 (Athènes, Musée national, no 73). D'après KARO, Schachtgräber, pl. CIII.

Fig. 2 - Idem. D'après KARO, Schachtgräber, pl. 95.

Fig. 3 - cat. 5 (Athènes, Musée national,
no 74). D'après KARO, Schachtgräber, pl. CIII.

Fig. 4 - cat. 7 (Athènes, Musée national, no 84).
D'après KARO, Schachtgräber, figs. 97-98.

Fig. 5 - cat. 8 (Athènes, Musée national,
122). D'après KARO, _Schachtgräber_,
CV.

Fig. 6 - cat. 10 (Athènes, Musée national,
313). D'après KARO, _Schachtgräber_, pl. CX.

Fig. 7 - cat. 12 (Athènes, Musée national,
no 393). D'après KARO, Schachtgräber, pl. CIV.

Fig. 8 - cat. 13 (Athènes, Musée national,
no 441). D'après KARO, Schachtgräber, pl. CVII.

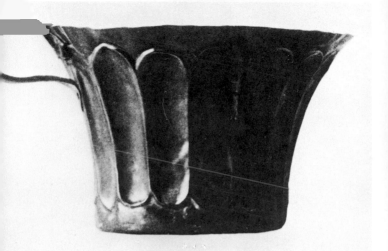

. 9 - cat. 14 (Athènes, Musée national,
442). D'après KARO, Schachtgräber, pl. CVII.

Fig. 10 - cat. 20 (Athènes, Musée National, no 351). Photographie prise au Musée.

Fig. 11 - cat. 21 (Athènes, Musée national, no 427
D'après KARO, _Schachtgräber_, pl. CVII.

Fig. 12 - cat. 22 (Athènes, Musée national, no 412
D'après MARINATOS-HIRMER, fig. 188.

. 13 - cat. 23 (Athènes, Musée national, no 390).
près KARO, Schachtgräber, pl. CXII.

. 14 - Idem. D'après KARO, Schachtgräber,
CXIII.

Fig. 15 - cat. 24 (Athènes, Musée national, no 440).
D'après KARO, Schachtgräber, pl. CVIII.

Fig. 16 - cat. 25 (Athènes, Musée national, no 511).
D'après KARO, Schachtgräber, fig. 40.

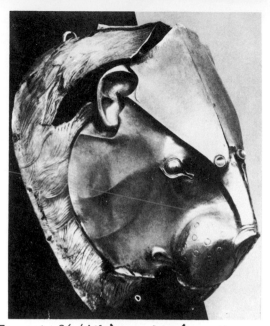

Fig. 17 - cat. 26 (Athènes, Musée national, no 273). D'après MARINATOS-HIRMER, fig. 176.

Fig. 18 - cat. 27 (Athènes,
Musée national, no 384). D'après
KARO, Schachtgräber, pl. CXIX.

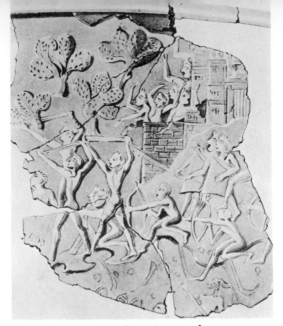

Fig. 19 - cat. 29 (Athènes, Musée national,
no 481). D'après Fr. MATZ, Le monde égé-
en, Troie, Crète, Mycènes, Paris, (1956), pl. 94

Fig. 20 - cat. 30 (Athènes, Musée
national, no 391). Photographie prise au Musée.

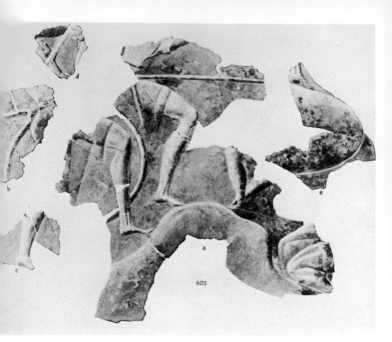

Pl. 21 - cat. 39 (Athènes, Musée national, no 605).
D'après KARO, _Schachtgräber_, pl. CXXIX.

Pl. 22 - cat. 42 (Athènes, Musée national, no 627).
Photographie prise au Musée.

Fig. 23 - cat. 43 (Athènes, Musée national, no 628).
D'après KARO, Schachtgräber, pl. CXXIV.

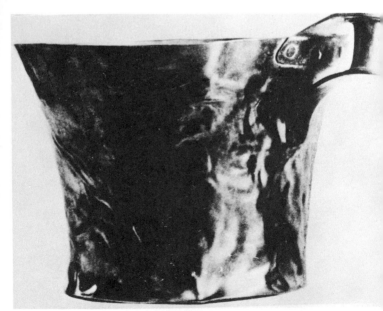

Fig. 24 - cat. 45 (Athènes, Musée national, no 630).
D'après KARO, Schachtgräber, pl. CXXIII.

Fig. 25 - cat. 54 (Athènes, Musée national, no 656). D'après KARO, <u>Schachtgräber</u>, pl. CXXVI.

Fig. 26 - cat. 56 (Athènes, Musée national, no 855). D'après KARO, <u>Schachtgräber</u>, pl. CXXXIV.

Fig. 27 - cat. 66 (Athènes, Musée national, no 909a). D'après KARO, Schachtgräber, pl. CXXXV.

Fig. 28 - cat. 67 (Athènes, Musée national, no 8621).
D'après G. E. MYLONAS, Ancient Mycenae, Princeton, 1957, fig. 71.

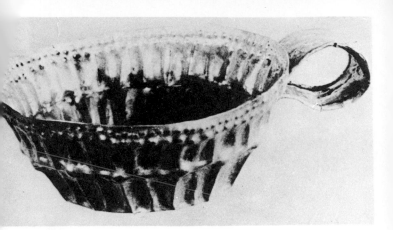

Fig. 31 - Idem. D'après MARINATOS-HIRMER,
fig. 189.

Fig. 32 - cat. 70 (Athènes, Musée national, no 957).
Photographie prise au Musée.

33 - cat. 74 (Athènes, Musée national, no 961).
rès B.S. A., 39, 1938-1939, pl. 27, a.

34 - cat. 75 (Athènes, Musée national, no 2489).
ès BOSSERT, figs. 153-155.

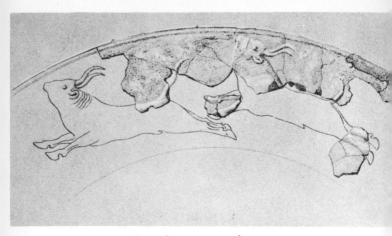

Fig. 35 - cat. 80 (Athènes, Musée national).
D'après PERSSON, Royal Tombs, pl. XVI.

Fig. 36 - cat. 81 (Athènes, Musée national, no 7341).
D'après MARINATOS-HIRMER, fig. 196.

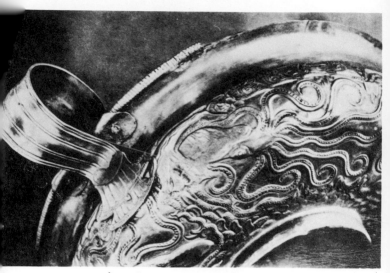

37 - Idem. D'après PERSSON, <u>Royal Tombs,</u>
XI.

Fig. 38 - cat. 83 (Athènes, Musée
national, no 7336). D'après PERSSON,
<u>Royal Tombs</u>, pl. XIV.

Fig. 39 - cat. 87 (Athènes, Musée national).
D'après PERSSON, New Tombs, pl. IV.

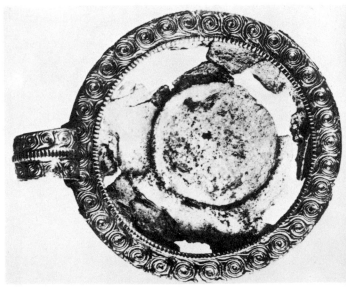

Fig. 40 - cat. 88 (Athènes, Musée national).
D'après PERSSON, New Tombs, pl. VI, 2.

ig. 41 - cat. 89 (Athènes, Musée national). D'après
ERSSON, New Tombs, frontispice.

ig. 42 - cat. 102 (Athènes, Musée national, no
;81). Photographie prise au Musée.

Fig. 43 - Idem. Photographie prise
au Musée.

Fig. 44 - cat. 114 (Athènes, Musée Benaki,
no 1160). D'après <u>B.C.H.</u>, 62, 1938, pl. XLVII, B.

Fig. 45 - cat. 115 (Bruxelles, Musées Royaux d'Art et d'Histoire, no A 2249). Copyright ACL Bruxelles.

Fig. 46 - Idem. <u>Copyright</u> ACL Bruxelles.

Fig. 47 - cat. 116 (Londres, British Museum, no
20). D'après R. A. HIGGINS, The Greek Bronze
ge, Londres, 1970, pl. 12, a.

STUDIES IN MEDITERRANEAN ARCHAEOLOGY
published by Professor Paul Åström, Södra vägen 61, S-412 54 Gothenburg, Sweden

ol. I. Per Ålin, Das Ende der mykenischen dstätten auf dem griechischen Festland. S., 1 Karte. Lund 1962. 36 Crs.

ol. II. Paul Åström, Excavations at Kalopa and Ayios Iakovos in Cyprus. With Contributions by Several Scholars. 234 pp., 12 figs. ne text, 51 plates with 213 figs., Lund 1966. Crs.

ol. III. James R. Stewart, Corpus of Early riote Material. In preparation.

ol. IV. Paul Åström. The Cuirass Tomb and er Finds at Dendrá. In preparation.

ol. V. Mervyn R. Popham, The Last Days of Palace at Knossos - Complete Vases of the e Minoan IIIB Period. 28 pp., 9 plates, 56 strations. Lund 1964. 30 Crs.

ol. VI. Fritz Schachermeyr, Das ägäische olithicum. 16 S., 20 Abb. Lund 1964. 15 Crs.

ol. VII. George E. Mylonas, Grave Circle B Mycenae. 10 pp., 10 + 1 figs. Lund 1964. 15

ol. VIII. Maurice Pope, Aegean Writing and ear A. 16 pp., 7 figs. Lund 1964. 15 Crs.

ol. IX. Agnes Sakellariou, Die mykenische gelglyptik. 11 S., 14 Abb., Lund 1964. 15

ol. X. Hector W. Catling, Mycenaean nzes. In preparation.

ol XI. Doro Levi, The Recent Excavations Phaistos. 40 pp. 59 figs. and plans Lund 54. 35 Crs.

ol. XII. Mervyn R. Popham, The Destruction of the Palace at Knossos. Pottery of the te Minoan IIIA Period. 111 pp., 17 figs., 50 tes. 125 Crs.

ol. XIII. Manolis Andronicos, Vergina, the historic Necropolis and the Hellenistic Pal-. 11 pp., 15 figs. Lund 1964. 15 Crs.

ol. XIV. Photios M. Petsas, Pella. 8 pp., p, 6 figs. Lund 1964. 10 Crs.

ol. XV. Willy Schwabacher, Neue Metho- n in der griechischen Münzforschung. 11 S., Abb. Lund 1964. 15 Crs.

ol. XVI. J. Roger Davis and T. B. L. Webs-, Cesnola Terracottas in the Stanford Uni- sity Museum. 28 pp., 6 plates, 61 illustra- ns. Lund 1964. 20 Crs.

ol. XVII. Homer L. Thomas, Near Eastern, diterranean and European Chronology. The storical, Archaeological, Radiocarbon, Pol- analytical and Geochronological Evidence. Text. 175 pp. 2 Charts (62). Lund 1967. 0 Crs.

ol. XVIII. Robert S. Merrillees, The Cyp- te Bronze Age Pottery Found in Egypt. III + 217 pp., 37 plates, 4 maps. Lund 1968. 0 Crs.

Vol. XIX. Keith Branigan, Copper and Bronze Working in Early Bronze Age Crete. 122 pp., 4 graphs, 13 figs. Lund 1968. 75 Crs.

Vol. XX. Corpus of Cypriote Antiquities. 1. Paola Villa, Early and Middle Bronze Age Pottery of the Cesnola Collection in the Stanford University Museum. With a Foreword by Paul Åström. 53 pp., XIX plates, 260 figs. Lund 1969. 40 Crs.

Vol. XX. Corpus of Cypriote Antiquities. 2. In preparation.

Vol. XX. Corpus of Cypriote Antiquities. 3. V. E. G. Kenna, Catalogue of the Cypriote Seals of the Bronze Age in the British Museum. 41 pp., 32 plates. Göteborg 1971. 60 Crs.

Vol. XX. Corpus of Cypriote Antiquities. 4. H. Ergüleç, Large-Sized Cypriot Sculpture in the Archaeological Museums of Istanbul. 73 pp., LXII plates. Göteborg 1972. 65 Crs.

Vol. XX. Corpus of Cypriote Antiquities. 5. Vassos Karageorghis, Darrell A. Amyx and Associates, Cypriote Antiquities in San Francisco Bay Area Collections. 69 pp., 87 figs. Göteborg 1974. 70 Crs.

Vol. XXI. Elsa Gullberg and Paul Åström, The Thread of Ariadne. A Study of Ancient Greek Dress. 53 pp., 28 figs. Göteborg 1970. 50 Crs.

Vol. XXII. Nike Scoufopoulos, Mycenaean Citadels. With a Preface by Paul Åström. 171 pp., 78 figs., 5 maps. Göteborg 1971. 90 Crs.

Vol. XXIII. Paul Åström, Who's Who in Cypriote Archaeology. 88 pp., 60 figs. Göteborg 1971. 65 Crs.

Vol. XXIV. V. E. G. Kenna, The Cretan Talismanic Stone in the Late Minoan Age. 35 pp., 26 plates, 279 figs. Lund 1969. 60 Crs.

Vol. XXV. Ora Negbi. The Hoards of Goldwork from Tell el-'Ajjul. 55 pp., 5 plates, 35 figs. Göteborg 1970. 50 Crs.

Vol. XXVI. Leon Pomerance, The Final Collapse of Santorini. 33 pp., 7 + 1 figs. Göteborg 1970. 25 Crs.

Vol. XXVII. Marie-Louise Säflund, The East Pediment of the Temple of Zeus at Olympia. A Reconstruction and Interpretation. 201 pp., 160 figs. Göteborg 1970. 100 Crs.

Vol. XXVIII. Sven A. Eriksson and Paul Åström, Fingerprints and Archaeology. In preparation.

Vol. XXIX. Jan Bouzek, Aegean, Anatolia and Europe: cultural interrelations during the second millennium B.C. In preparation.

Vol. XXX. St. Alexiou and P. Warren, The Early Minoan Tombs of Lebena. In preparation.

Vol. XXXI. Studies in the Cypro-Minoan Scripts.
1. Emilia Masson, Études de vingt-six boules d'argiles inscrites trouvées à Enkomi et Hala Sultan Tekke (Chypre). 38 pages, 34 figures. 3 planches. Göteborg 1971. 50 Crs.
2. Emilia Masson, Cyprominoica. Répertoires, Documents de Ras Shamra, Essais d'interprétation. 64 pp., 31 figs. Göteborg 1974. 60 Crs.

Vol. XXXII. Gudrun Ahlberg, Prothesis and Ekphora in Greek Geometric Art. Text, 327 pp. Figures, 68 figs. Göteborg 1971. 250 Crs.

Vol. XXXIII. John C. Overbeck and Stuart Swiny, Two Cypriot Bronze Age Sites at Kafkallia (Dhali). 31 pp., 55 figs. Göteborg 1972. 55 Crs.

Vol. XXXIV. Paavo Roos, The Rock-Tombs of Caunus.
1. The Architecture. 124 pp., 6 figs., 62 plates. Göteborg 1972. 100 Crs.
2. The Finds. 61 pp., 17 plates. Göteborg 1974. 40 Crs.

Vol. XXXV. Sarantis Symeonoglou, Kadmeia I. Mycenaean Finds from Thebes, Greece. Excavation at 14 Oedipus St. 106 pp., 274 figs. Göteborg 1973. 100 Crs.

Vol. XXXVI. J. L. Benson, The Necropolis of Kaloriziki. 138 pp., 63 plates. Göteborg 1973. 150 Crs.

Vol. XXXVII. Philip C. Hammond, The Nabataeans - Their History, Culture and Archaeology. 129 pp., 4 maps. Göteborg 1973. 100 Crs.

Vol. XXXVIII. James R. Stewart, Tell el 'Ajjūl. The Middle Bronze Age Remains. Edited and prepared for publication by Hanna E. Kassis. With appendices by W. F. Albright, K. M. Kenyon and R. S. Merrillees. 127 pp., 7 figs. Göteborg 1974. 100 Crs.

Vol. XXXIX. R. S. Merrillees, Trade and Transcendence in the Bronze Age Levant. 41 pp. 34 figs., 2 maps. Göteborg 1974. 90 Crs.

Vol. XL. Gloria S. Merker, The Hellenistic Sculpture of Rhodes. 34 pp., 34 plates, 84 figs. Göteborg 1973. 50 Crs.

Vol. XLI. Charlotte R. Long. The Ayia Triadha Sarcophagus. A Study of Late Minoan and Mycenaean Funerary Practices and Beliefs. 90 pp., numerous illustrations. Göteborg 1974. 100 Crs. + Addenda, 9 pp. 5 Crs.

Vol. XLII. David Frankel, Middle Cypriot White Painted Pottery. An Analytical Study of the Decoration. X + 140 pp., 9 tables, 19 figs. Göteborg 1974. 40 Crs.

Vol. XLIII. Kyriakos Nicolaou, The Histocal Topography of Kition. 412 pp., 37 plat Göteborg 1976. 150 Crs.

Vol. XLIV. Ino Michaelidou-Nicolaou, Pro pography of Ptolemaic Cyprus. 137 pp. Gö borg 1976. 75 Crs.

Vol. XLV. Hala Sultan Tekke.
1. P. Åström, D. M. Bailey, V. Karageorgh Excavations 1897-1971. X+135 pp., 125 fig 83 plates. Göteborg 1976. 190 Crs.
2. O. T. Engvig and P. Åström, The Cape K Survey, An Underwater Archaeological S vey. 24 pp., 49 figs., 1 map. Göteborg 19 35 Crs.

Vol. XLVI. Athanasios J. Papadopoulos, I cavations at Aigion - 1970. 50 pp., 98 plat Göteborg 1976. 200 Crs.

Vol. XLVII. Charles Adelman, Cypro-Ge metric Pottery: Refinements in Classificatic XX + 143 pp., 307 figs. Göteborg 1976. Crs.

Vol. XLVIII. Christos Doumas, Early Bror Age Burial Habits in the Cyclades. 144 pp., figs., 51 plates. Göteborg 1977. 200 Crs.

Vol. XLIX. O.P.T.K. Dickinson, The Orig of Mycenaean Civilisation. 134 pp., 11 fi Göteborg 1977. 150 Crs.

In preparation

R. Hope Simpson and O. Dickinson, A G etteer of Aegean Civilisation in the Bronze A The Mainland and the Islands.

Ian A. Todd, The Prehistory of Central Ar tolia I: The Neolithic Period.

James R. Wiseman, The Land of the Ancie Corinthians.

Jane C. Waldbaum. From Bronze to Iron.

Pocket-books
1. P. Åström, Cypern - motsättningarnas 101 pp., 25 figs., 1 map. Göteborg 1974. Crs.

2. R. L. Murray, The Protogeometric Sty The First Greek Style. 40 pp., 4 figs., 4 plat Göteborg 1976. 25 Crs.

3. E. J. Holmberg, Aten. 116 pp., 18 figs. the text, 33 plates. Göteborg 1975. 25 Crs.

4. R. Laffineur, Les vases en métal précie à l'époque mycénienne. 75 Crs.

5. E. J. Holmberg, Delfi och Olympia 1 pp., 16 figs., 34 plates. Göteborg 1976. 25 C

6. L. Pomerance, The Phaistos Disc. 110 p 18 figs. Göteborg 1976. 30 Crs.